TIROL

INSIDER-TIPP
Deine Abkürzung ins Erleben!

Reisen mit MARCO POLO Insider-Tipps

MARCO POLO TOP-HIGHLIGHTS

BERGISEL-STADION ★1
Der Blick von der Sprungschanze bei Innsbruck ist ein einziger Traum vom Schweben.
📷 *Tipp: Stell dich so, dass die Sonne genau hinter dem Schanzenturm steht.*

➤ S. 75, Innsbruck & Umgebung

SCHLOSS AMBRAS ★2
Vom ausgestopften Hai bis zum geschnitzen Tod: Schau dir im schönsten Renaissanceschloss der Alpen (Foto) die skurrile Wunderkammer an.

➤ S. 77, Innsbruck & Umgebung

ALTSTADT HALL ★3
Im charmanten Salzstädtchen mit seinem Kopfsteinpflaster fühlst du dich ins Mittelalter versetzt.
📷 *Tipp: Für den Panoramablick über die Altstadt steig auf den Münzerturm von Burg Hasegg.*

➤ S. 83, Innsbruck & Umgebung

FESTUNG KUFSTEIN ★4
An der Festung am Eingang des Inntals kam früher niemand vorbei. Heute muss man sie nicht mehr erobern, sondern kann einfach mit der Panoramabahn rauffahren.

➤ S. 93, Unterland

RATTENBERG ★5
Wenn jemand weiß, wie man Glas macht, dann die Rattenberger. Schließlich machen sie das ja schon seit fast 500 Jahren. Schau ihnen dabei über die Schulter.

➤ S. 100, Unterland

ÖTZI-DORF ★6
Wenn du die einfachen Hütten besucht hast, die zeigen, wie der berühmte Gletschermann lebte, dann bist du froh um dein kuscheliges Hotelzimmer.

➤ S. 58, Oberland

AGUNTUM 7

Asterix und Obelix hätte es in Aguntum auch gefallen. So viele Römer auf einem Fleck wie an diesem wichtigen Handelsposten gab es in den Alpen sonst selten.

➤ S. 109, Osttirol

UMBALFÄLLE 8

Unvergesslich, wenn im Frühjahr das Schmelzwasser die Felsen hinunterdonnert. Du erreichst sie über den Wasserschaupfad im hintersten Virgental.

Tipp: Im Gegenlicht leuchten die Wassermassen besonders imposant.

➤ S. 117, Osttirol

ZUGSPITZE 9

Den Gipfel von der Tiroler Seite aus erobern und im höchsten Biergarten Deutschlands ein erfrischendes Helles zischen! Ein atemberaubender Ausblick ist garantiert.

Tipp: Mach eine Abendfahrt, dann kannst du den Sonnenuntergang einfangen.

➤ S. 42, Außerfern

SANKT ANTON AM ARLBERG 10

Echter geht nicht: die Grande Dame der Skiorte, weltweit. Im Sommer ist die Gegend ein Wanderparadies.

Tipp: Fahr mit der Gondelbahn auf den Gipfel der Valluga – einen imposanteren Bergausblick wirst du kaum erleben.

➤ S. 56, Oberland

INHALT

AUSSERFERN
INNSBRUCK & UMGEBUNG
UNTERLAND
OSTTIROL
OBERLAND

MARCO POLO TOP-HIGHLIGHTS

DAS BESTE ZUERST

SO TICKT TIROL

ESSEN, SHOPPEN, SPORT

MARCO POLO REGIONEN

ERLEBNISTOUREN

GUT ZU WISSEN

Besuch planen
€-€€€ Preiskategorien
Essen/Trinken
Shoppen

Ausgehen

(A2) Herausnehmbare Faltkarte
(a2) Zusatzkarte auf der Faltkarte
(0) Außerhalb des Faltkartenausschnitts

BESSER PLANEN MEHR ERLEBEN!

Digitale Extras
go.marcopolo.de/app/tir

DAS BESTE ZUERST

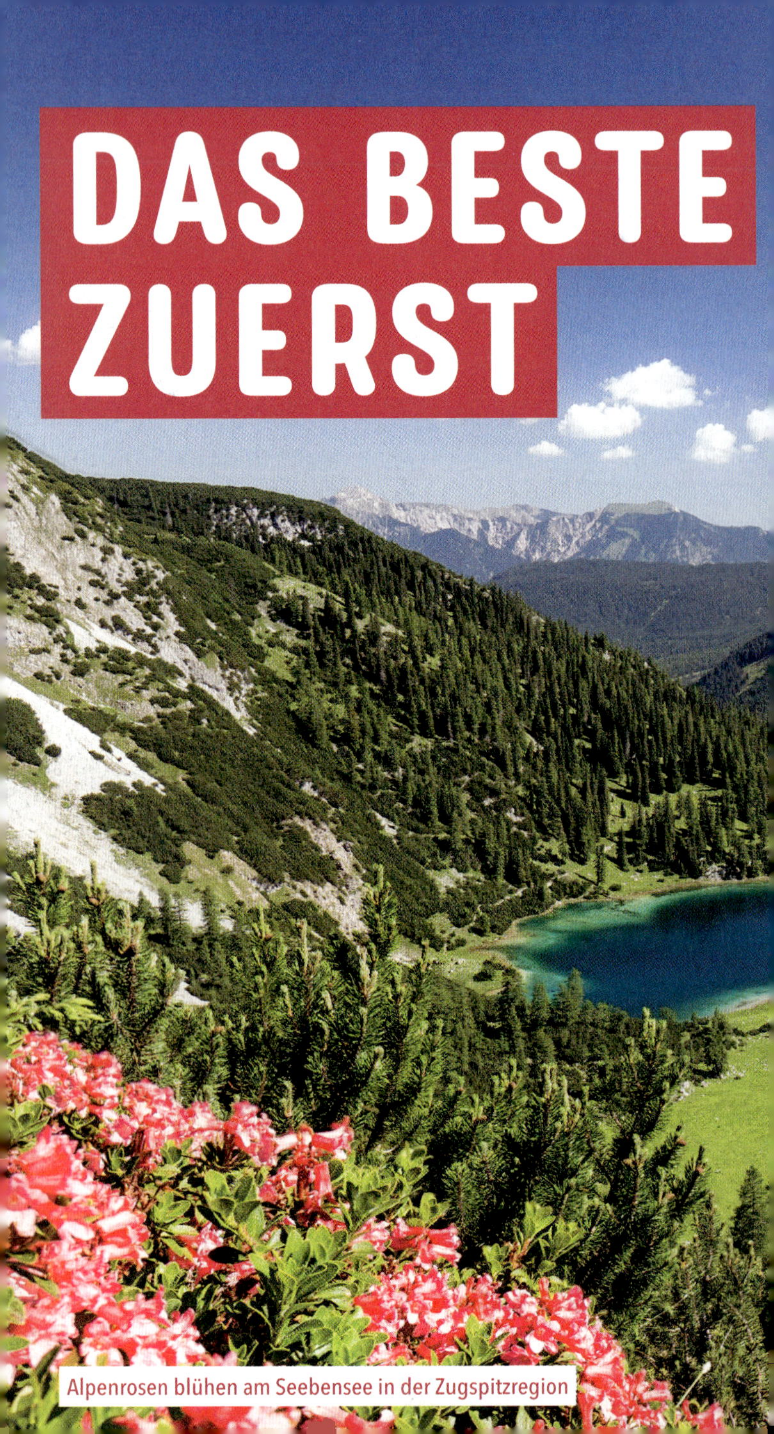

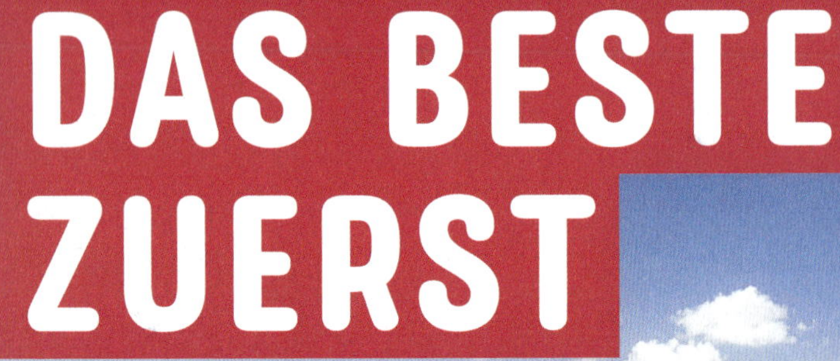

Alpenrosen blühen am Seebensee in der Zugspitzregion

BEST OF BEI REGEN

SCHÖN, AUCH WENN ES REGNET

MÜHSAM ERARBEITETER REICHTUM

Im *Schwazer Silberbergwerk* sind die Knappen auch bei konstanten 12 Grad ins Schwitzen geraten. Sie brachten jährlich Tonnen an Silber und Kupfer aus dem Berg und machten aus einem Dorf die zweitgrößte Stadt des Habsburgerreichs.

➤ S. 102, Unterland

IM KOPF DES RIESEN

Schon der Zugang zu den *Swarovski Kristallwelten* ist märchenhaft: Durch den Mund eines grasgrünen Riesen betrittst du die Traumwelt phantastischer Installationen (Foto).

➤ S. 85, Innsbruck & Umgebung

HAUTNAH DAS MITTELALTER ERLEBEN

Alchimisten mixen Zaubertränke, in der Pestkammer klappern Knochen und aus dir wird mit Helm und Rüstung ein Krieger. Im verbliebenen Teil der *Klause Ehrenberg* bringt dich ein spannendes Museum den Rittern auf die Spur.

➤ S. 45, Außerfern

SPORT UNTERM DACH

Wenn tief hängende Wolken sportliche Betätigung in den Bergen unmöglich machen, steig einfach um auf Indoor. Im *Sportpark Kitzbühel* kannst du Tennis spielen, klettern, eislaufen, curlen – und dich von morgens bis abends so richtig auspowern.

➤ S. 91, Unterland

ALLES HEUMILCH!

In der *Erlebnissennerei Zillertal* erfährst du nicht nur, was Kuh und Käse genau verbindet, sondern du kommst auch zu einem großartigen Geschmackserlebnis. Beim „Genusslöffeln" probierst du dich durch cremige Joghurts, im Ab-Hof-Verkauf gibt es Leckeres zum Mitnehmen.

➤ S. 97, Unterland

BEST OF LOW-BUDGET

FÜR DEN KLEINEN GELDBEUTEL

SCHLOSSGARTEN STATT MUSEUM

Mit 16 Euro kostet *Schloss Ambras* nicht wenig Eintritt. Aber du musst nicht unbedingt ins Museum. Zwischen Wäldern, Fischteichen, Wildgehegen und dem künstlichen Wasserfall des Schlossgartens wirkt die Renaissancefassade noch prachtvoller.

➤ S. 77, Innsbruck & Umgebung

TUNNELBAUSTELLE MIT EIGENER AUSSTELLUNG

Tief unter dem Wipptal wird gerade der Brenner-Basistunnel (BBT), der weltweit längste Bahntunnel, gebuddelt. Im *BBT Infocenter Tunnelwelten* in Steinach kannst du gratis nachempfinden, wie sich unter Tage riesige Maschinen Meter für Meter vorarbeiten.

➤ S. 82, Innsbruck & Umgebung

DER MEISTER DES SCHNELLEN STRICHS

Er wirft ein paar Pinselstriche aufs Papier und alle wissen, was gemeint ist. *Hans Salcher,* einem der populärsten zeitgenössischen Künstler Tirols, kannst du in Lienz in seinem Atelier nachmittags über die Schulter schauen.

➤ S. 108, Osttirol

GÄNSEHAUT ÜBERM WILDWASSER

Die tosende Macht des Wassers: Während die anderen tief eingeschnittenen Schluchten Tirols Eintritt kosten, ist die *Leutascher Geisterklamm* umsonst – und dabei kein bisschen weniger spektakulär. Nur für den Wasserfall wird ein kleiner Betrag fällig (Foto).

➤ S. 65, Oberland

BEQUEM IM BUS

Wandern im Lechtal, das sind wildromantische Touren am Fluss in einem der schönsten Naturparks von Tirol. Damit du dir keine Gedanken über den Rückweg machen musst, pendelt ein *Gratis-Wanderbus* durch das Tal.

➤ S. 46, Außerfern

BEST OF

MIT KINDERN

SPANNENDES FÜR GROSS & KLEIN

JUNG TRIFFT JUNG
Mehr als 2000 Tiere und 150 verschiedene Arten, die in den Alpen lebten oder leben, sind im Innsbrucker *Alpenzoo* zu Hause. In der Zeit von April bis Juni werden die meisten Jungtiere geboren. Dann sind die Kinder nicht mehr von den Gehegen wegzubekommen.
➤ S. 76, Innsbruck & Umgebung

RENNEN AUF SCHIENE
Auf dem *Alpine Coaster* in Imst, der längsten Alpenrodelbahn, in 12 Minuten ins Tal sausen – teilweise 6 Meter über dem Boden! Da braucht Papa starke Nerven und Mama sieht am besten gar nicht hin.
➤ S. 53, Oberland

EIN NASSER LEHRPFAD
Von der Quelle bis zur Mündung erfahren Kleine und Große im *Hexenwasser Söll,* wie Wasser quillt, sprudelt und Wellen schlägt. Im Hexenwald und am Hexenbach können sich Kinder in Hexen – was sonst – verwandeln und sogar auf einem Besen reiten.
➤ S. 92, Unterland

SPIELEN MIT RIESENKUGELN
Im *Kugelwald am Glungezer* können sich Kinder austoben. Es gibt eine riesige Kugelbahn mit Zirbenholzkugeln, ein großes Baumhaus, ein Waldklassenzimmer und Klangelemente. Direkt daneben wartet ein Gasthaus, in dem sich Groß und Klein eine Erfrischung gönnen können.
➤ S. 85, Innsbruck & Umgebung

SCHAUKELN IM WICHTELPARK
Was für Wichtel gut ist, das gefällt auch Kindern. Rutschen, Schaukeln, Minigolfplatz – das alles und dazu noch einen Hochseilgarten findest du im *Wichtelpark* am Ortsrand von Sillian. Im Wasser planschen geht natürlich auch.
➤ S. 113, Osttirol

BEST OF

TYPISCH

DAS ERLEBST DU NUR HIER

TUCKER INS MOTORRADMUSEUM

Es knattert, rattert und tuckert auf Tirols Alpenpässen. Bei Motorradfahrern sind die kurvigen Strecken über das Hahntennjoch oder das Timmelsjoch beliebt. Dort kann man mit dem Bike Europas höchstgelegenes Motorradmuseum besuchen, das *Top Mountain Motorcycle Museum.*

➤ S. 61, Oberland

HARTES BAUERNDASEIN

Das Leben ist kein Ponyhof. Nirgends wird das besser sichtbar als im *Freilichtmuseum Tiroler Bauernhöfe* bei Kramsach mit seinen landwirtschaftlichen Gebäuden aus früheren Jahrhunderten (Foto).

➤ S. 100, Unterland

PANORAMA MIT BERGRIESEN

Dem höchsten Berg Österreichs, dem 3798 m hohen Großglockner, kommst du auf dem *Europa-Panoramaweg* ganz nah. Er ist einer der rund 60 Dreitausender, die du auf der Wanderung siehst.

➤ S. 115, Osttirol

AUF DER JAGD MIT ÖTZI

Wie war das Leben eigentlich so in der Jungsteinzeit? Im *Ötzi-Dorf,* benannt nach der berühmten Gletschermumie, erfährst du hautnah, wie die „ersten" Tiroler jagten, aßen, wohnten, fischten, kochten, arbeiteten …

➤ S. 58, Oberland

DIE WICHTIGSTE HAFLINGERZUCHT DER WELT

Wie Andreas Hofer hoch zu Ross: Schon der Volksheld ist auf einem der robusten Haflinger in die Schlacht geritten. Wenn du nicht selber reiten – oder es lernen – willst, dann schau einfach bei der Gestütsparade auf dem *Fohlenhof Ebbs* am Freitagabend zu (Juli/August).

➤ S. 96, Unterland

Futuristisch: die Talstation der Hungerburgbahn in Innsbruck

ENTDECKE TIROL

Im Brixental lässt's sich prima radeln – und entspannen sowieso

Die Landeshauptstadt Innsbruck mit ihren 132 000 Einwohnern steht stellvertretend für das ganze Land: Mit ihren Universitäten, Museen, Theatern, Restaurants und Bars ist sie multikulturell, modern, zuweilen hektisch. Gleichzeitig reicht das Stadtgebiet weit ins wilde Karwendel, wo die Zivilisation nur durch ein paar Wege und Almen vertreten ist.

NATUR TRIFFT HIGHTECH

Dieses Bild findet sich im 12 640 km² großen Tirol ständig: Touristisch intensivst genutzte Gebiete wechseln mit unberührter Natur, Hightech steht neben dem jahrhundertealten Bauernhaus. Doch auch das, was das Auge als unberührte Natur wahrnimmt, ist oft eine Kulturlandschaft, die vor Generationen geschaffen und seither gepflegt wurde, wie die rund 2200 Almen in den Tiroler Bergen. Dort

ca. 3000 v. Chr. Der als Ötzi bekannte Jäger aus der Steinzeit stirbt in den Ötztaler Alpen

15 v. Chr. Die Römer erobern die Alpen und gründen Aguntum im heutigen Lienz und Veldidena in Innsbruck

12. Jh. Die Grafen von Tirol gründen die Grafschaft Tirol

Um 1500 Kaiser Maximilian I. kauft Tirol von Siegmund dem Münzreichen; Innsbruck wird Zentrum des Reichs

1809 Freiheitskampf unter Andreas Hofer gegen die bayrisch-französische Besetzung Tirols

wurden die Weideflächen oft schon vor 200 oder 300 Jahren gerodet und nutzbar gemacht. Heute ist diese Almkultur bedroht, weil unrentabel. Mit dem Verschwinden der Bauern, die auch die hintersten Täler bewirtschafteten, kehrt die Wildnis zurück. Schön für Erholungsbedürftige, weniger schön für die, die ihre Heimat mangels Arbeitsmöglichkeiten verlassen müssen. Massiv von dieser Landflucht betroffen ist der Bezirk Osttirol. Mit gegenteiligen Problemen hat es stattdessen die Inntalfurche zwischen Kufstein und Telfs zu tun. Kein Wunder, sind dort doch die großen Player der Tiroler Wirtschaft angesiedelt. Hier finden sich die Arbeitsplätze, allerdings mit Begleiterscheinungen: So gehören die Wohnungspreise in diesem Teil Tirols zu den höchsten in Österreich.

EIN LEBEN VOM TOURISMUS

Wenn die Seitentäler des Inntals dennoch weiter florieren, hat das vor allem mit der Erfolgsgeschichte des Tiroler Tourismus zu tun. Dass der alpine Skilauf derartig einschlägt, dürfte sich nicht einmal der Kitzbüheler Skipionier Franz Reisch 1892 gedacht haben. Nach seiner ersten geglückten Abfahrt mit Brettern an den Beinen soll er zu einem Freund gesagt haben: „Sepp, i muss dir eine herunterhauen, damit du weißt, wie schön das war." Mit Skiern war in diesen Anfangsjahren nur eine kleine Elite unterwegs, doch mit dem Bau der ersten Seilbahnen in den 1920er- und 1930er-Jahren wurden die Berge für jedermann zugänglich. Und als schließlich nach dem Zweiten Weltkrieg die ersten Skigebiete in Kitzbühel, am Arlberg, im Stubai-, Ziller- und Ötztal großzügig ausgebaut wurden, gab es kein Halten mehr. Heute bricht Tirol speziell im Wintertourismus fast jedes Jahr Rekorde. Allein 3700 Pistenkilometer, die zu einem großen Teil technisch beschneit werden, warten auf Skifahrer – eine Strecke, die von Oslo bis nach Sizilien reichen würde. Die gestiegenen Energiekosten machen allerdings auch vor der Gasthoftür nicht halt: In den vergangenen Jahren korrigierten die Wirte die Preise mitunter kräftig nach oben.

MYTHISCH UMRANKTER HELD

Neben der Natur wichtigster Aktivposten für den Tourismus ist das Brauchtum mit seinen Musikkapellen, Trachten, Schützen, Volksfesten. Damit eng verbunden

1919 Frieden von Saint-Germain: Südtirol wird italienisch

1938 Reichsgau Tirol-Vorarlberg unter Hitlerdeutschland

1964 und 1976 Innsbruck ist Austragungsort der Olympischen Winterspiele

1967–78 Arlbergtunnel, Felbertauern- und Brennerautobahn werden gebaut

1995 Österreich tritt der EU bei

2027 Andreas-Hofer-Jahr: 260. Geburtstag des Anführers der Tiroler Unabhängigkeitsbewegung von 1809

sind zwei Jahreszahlen: Die eine ist 1511. In diesem Jahr billigte Kaiser Maximilian den Tirolern zu, Kriegsdienst nur zur Verteidigung des eigenen Landes leisten zu müssen. Die heutigen Schützen, die bei keinem Anlass fehlen dürfen, sehen sich als Wahrer dieses Erbes. Auch wenn die Gewehre, die sie tragen, nur mehr zum ohrenbetäubenden Verfeuern von Platzpatronen taugen. Das Jahr schlechthin ist aber 1809. Damals erhoben sich die Tiroler Bauern gegen die Fremdherrschaft der Bayern und deren aufgeklärte Ideen. In drei Schlachten am Bergisel bei Innsbruck – bei denen auch mit Sensen und Dreschflegeln gekämpft wurde – blieben die Tiroler siegreich, die vierte verloren sie. Ihr Anführer Andreas Hofer wurde im Jahr darauf in Mantua hingerichtet. Seine Geschichte findet sich in der nationalistisch angehauchten Landeshymne wieder.

VOM TRANSIT GEPLAGT

Der „Mythos Hofer" lebt bis heute. Zu allen passenden und unpassenden Gelegenheiten wird er als Vorbild bemüht. Als Revoluzzer in seinem Geist sehen sich heute etwa jene, die gegen die Blechlawinen kämpfen, die sich durch Tirol wälzen. Die Strecke von Kufstein über den Brennerpass ist mit 1374 m die niedrigste und günstigste Überquerung der Ostalpen, sie wird jährlich von Millionen Lkw und Pkw genutzt, mit allen negativen Folgen. Linderung soll in Zukunft ein Eisenbahntunnel schaffen, von Volders in Nordtirol bis Franzensfeste in Südtirol.

STUR UND HERZLICH

Ihrer Kämpfernatur wegen werden die Tiroler gern als Sturschädel bezeichnet. Stolz – sagen manche – wäre wohl der bessere Ausdruck. Neben Stolz (oder Sturheit) gehören laut Klischee auch Geselligkeit und Herzlichkeit zu ihrem Naturell. Wunder dich also nicht, wenn du von einem wildfremden Menschen mit dem vertraulichen Du angesprochen wirst. Wobei es mentalitätsmäßig zwischen den Bewohnern der engen Täler des Oberlands und jenen des lieblicheren Unterlands einen Unterschied gibt: Nicht umsonst lautet ein gängiger Spruch, dass im Unterland ein Begräbnis lustiger sei als im Oberland eine Hochzeit.

GRENZGÄNGER WIDER WILLEN

Eigentlich wäre es ja das größte der österreichischen Länder, doch durch den Friedensvertrag von Saint-Germain nach dem Ersten Weltkrieg wurde Tirol 1919 zerrissen: Südtirol und das heutige Trentino kamen zu Italien, Nord- und Osttirol, die nicht aneinandergrenzen, blieben bei Österreich. Die Siegermächte zogen die neue Grenze entlang des Alpenhauptkamms. Erst mit dem EU-Beitritt Österreichs 1995 begann sich diese Grenzsituation wieder aufzulösen. Mit der Demontage der Schlagbäume kam wenigstens ein bisschen das Gefühl zurück, dass es sich um ein Land handle. So haben Natur und Geschichte im Lauf der Jahrhunderte Tirol zu dem geformt, was es heute ist: ein vielschichtiges, starkes Land, das es wert ist, erkundet zu werden, in den Tälern und auf den Bergen.

AUF EINEN BLICK

771.000
Einwohner

Frankfurt am Main: 773.000

2.200
Almen

3.700 km
Pisten

In der gesamten Schweiz: 7.000 km

12.640 km²
Fläche

Schleswig-Holstein: 15.805 km²

HÖCHSTER BERG: WILDSPITZE
3.768 M

Aber auch ein Teil des Großglockners (3.798 m) steht in Tirol.

WÄRMSTER MONAT
JULI
25°C

GRÖSSTER KAISERSCHMARRN
309 KG

Und zwar der größte der Welt – 2018 im Stubaital zubereitet

BERÜHMTESTE PERSONEN
Freiheitsheld Andreas Hofer | Schlagersänger Hansi Hinterseer | Mount-Everest-Besteiger Peter Habeler | Hilde Zach, erste Bürgermeisterin einer Landeshauptstadt

INNSBRUCK
Größte Stadt mit 132.000 Einwohnern

BERÜHMTESTES WEIHNACHTSLIED
„Stille Nacht" – in Salzburg komponiert, von Tirol aus in die Welt getragen worden

TIROL VERSTEHEN

RETROLEBEN

Die Alm ist einer der schönsten und gleichzeitig vermutlich härtesten Arbeitsplätze, die Tirol zu bieten hat. Im touristischen Sinn ist die Alm natürlich jener Ort, an dem es am Ende einer Wander- oder Biketour eine zünftige Jause, ein Bier und ein Schnapserl gibt. Sommerfrische bedeutet so ein Almsommer aber nur für Tiere und Touristen. Für die Menschen, die die Alm bewirtschaften, die Sennerinnen und Senner, verheißt er schwere Arbeit. Oft unter Bedingungen, die eigentlich nur für ein verlängertes Wochenende romantisch sind: kein Strom, kein fließendes warmes Wasser, ein Plumpsklo, kein Mobilfunknetz. Kein Wunder also, dass alle froh sind, wenn der Sommer sich irgendwann dem Ende zuneigt und unfallfrei verlaufen ist. Dann werden die Tiere, wenn sie wieder ins Tal dürfen, beim Almabtrieb festlich geschmückt – in manchen Orten sogar an mehreren Wochenenden hintereinander, damit die Gäste was zu sehen haben.

TIROLYWOOD

Er heißt Salman Khan und nicht Matt Damon. Aber klar, es handelt sich ja auch um den Superstar der indischen Traumfabrik Bollywood und nicht um einen der beliebtesten Schauspieler Hollywoods. Und dieses Bollywood, die größte Filmindustrie der Welt, hat einen Narren an Tirol gefressen. Vor allem für die Traumszenen – in denen der Held seine Angebetete schon im Arm hält, während er im Film noch allerhand Abenteuer zu bewältigen hat – ist die Bergwelt hervorragend als Kulisse geeignet. Denn die Phantasiesequenzen spielen sich oft an für Inder exotischen Orten ab, und dafür wurde in den vergangenen Jahren immer öfter Tirol ausgewählt. Eine der bisher größten indischen Produktionen war „Yuvraaj". Fast zwei Monate lang drehten Khan und seine Kollegen Anil Kapoor und Katrina Kaif in Innsbruck, Wattens, Kufstein, im Alpbach- und im Stubaital. Für Aufnahmen zum Streifen „Tiger Zinda Hai" wurden 2017 sogar Teile der Innsbrucker Altstadt und die Hofburg gesperrt. Die vielen Filme haben auch dazu geführt, dass mehr Inder nach Tirol in den Urlaub fahren: Inzwischen sind es an die 100 000 pro Jahr. So kommt es, dass sich an vielen Orten Trägerinnen von Dirndl und Saris zu einem bunten Bild mischen.

SPRACHKURS

„Oachkatzlschwoaf" – Eichhörnchenschwanz – ist gewissermaßen die allerletzte Dialektprüfung für Gäste. Tiroler machen sich gerne einen Jux daraus, Besucher über dieses Wort stolpern zu lassen. Jedes Tal in Tirol hat seinen eigenen Dialekt, und daher tun sich nicht nur Gäste schwer, auch Tiroler untereinander haben zuweilen Verständigungsprobleme. Zillertaler und Ötztaler kommen aber gerade noch ohne Dolmetscher aus. Gänzlich aus dem Rahmen fällt das Außerfern: Das

Beim Almabtrieb ziehen die Kühe festlich geschmückt ins Tal

Ehrwalder Becken wurde von Imst her besiedelt, die Aussprache ist ein raues Oberländlerisch. Das Lechtal ist jedoch alemannisch geprägt, die Sprache ist deswegen dem Allgäuerischen oder Vorarlbergerischen verwandt. Auch wenn die Tiroler speziell im Osten Österreichs wegen ihrer Aussprache gern auf den Arm genommen werden: Sie sind stolz auf dieses Unterscheidungsmerkmal zu den anderen Bundesländern.

WER HAT'S ERFUNDEN?

Nein, ausnahmsweise waren es nicht die von der Schweizer Bonbonfirma. Es waren Tiroler, die unter anderem die Schreib- und Nähmaschine, den Sterilisationsapparat und das Raketenauto erfanden. 1832 baute der Osttiroler Simon Stampfer ein Lebensrad, das bewegte Bilder vortäuschen konnte und als Vorläufer des Kinematografen gilt. Ohne den aus Südtirol stammenden Peter Mitterhofer würden wir den Computer heute wohl nicht so nutzen, wie wir es tun: Er erfand in den 1860er-Jahren die Schreibmaschine, die später ihren Siegeszug durch die Welt antrat. Der Tischler baute davon fünf Stück und präsentierte sie am Kaiserhof in Wien. Doch die Erfindung stieß auf keine Zustimmung. Gekränkt versteckte Mitterhofer die Schreibmaschinen auf seinem Dachboden, wo sie erst rund zehn Jahre nach seinem Tod gefunden wurden.

Überhaupt war das 19. Jh. ein sehr ideenreiches Jahrhundert. Der in Kufstein geborene und nach Wien ausgewanderte Josef Madersperger erfand 1814 die erste Nähmaschine. Christian Reitmann aus Sankt Jakob in Haus baute um 1870 die ersten Zwei- und Viertaktmotoren.

Mit dem 20. Jh. endete der Erfindungsreichtum der Tiroler nicht. Der

Innsbrucker Arzt Anton Nagy etwa ersann den Sterilisationsapparat, und der Südtiroler Schriftsteller Max Valier war einer der Pioniere des Raketenmotors und entwickelte zusammen mit Fritz von Opel ein Raketenauto. Er starb, als er ein Triebwerk testete, und gilt als erstes Todesopfer der Raumfahrt.

STURMFRISUR

Wenn er mit bis zu 150 km/h durch das Wipp- ins Inntal einfällt, dann hilft auch das stärkste Haarspray nicht mehr. Gnadenlos zerzaust der Föhn jede Frisur. Der warme Fallwind kommt von Süden, lässt Luftfeuchtigkeit in Form von Regen dort, schleppt sich über die Berge und gewinnt beim Abstieg deutlich an Geschwindigkeit und Temperatur. Sogar im Winter kann es auf diese Weise zu Plusgraden kommen, dann schmilzt der Schnee. Föhneinbrüche zu Weihnachten sind daher der Schreck eines jeden Touristikers. Bricht der Föhn zusammen, folgt meist schlechtes Wetter. Die exakte Vorhersage des Zeitpunkts für den Umschwung lässt Meteorologen allerdings regelmäßig verzweifeln. Am meisten föhngeschädigt ist wohl die Region Innsbruck. Oft tagelang rüttelt das natürliche Warmluftgebläse an Fensterläden und Dächern und wirft einen beinahe um. Das schlägt sich mit der Zeit aufs Gemüt: Der warme Wind sorgt bei vielen Menschen für Kreislaufbeschwerden, Kopfweh und Schlafstörungen. Weht er länger, können die Innsbrucker schon mal etwas verwirrt und grantig werden.

TAUWETTER

Alle Jahre sind es wieder ein paar Meter weniger: Die globale Erwärmung bringt die Gletscher, die stille Wasserreserve der Alpen, zum Schmelzen. Vorsichtige Schätzungen gehen davon aus, dass am Ende dieses Jahrhunderts drei Viertel aller Gletscher verschwunden sein werden, schlimmstenfalls sogar schon 2050. Für Tirol hat das katastrophale Auswirkungen: Kurzfristig wird das Schmelzwasser vermehrt zu Überschwemmungen, Schlamm- und Geröllawinen führen. Längerfristig aber trocknen die Wasserspeicher aus. Die Folgen wären fatal für die Menschen, die Natur und nicht zuletzt die Wirtschaft. Denn sind die Alpen eisfrei, bleiben auch die Touristen aus, die seit einem Jahrhun-

dert dem Land den Wohlstand bringen. An der Innsbrucker Universität gibt es mehrere Projekte, die erforschen, wie das Abschmelzen der Gletscher verlangsamt werden könnte. Beispielsweise durch Verdichten der Schneedecke: Wasser wird in die Schneeschicht oder den Gletscher gespritzt und mit einem Vlies abgedeckt, als Schutz vor der Sonne. Solche und ähnliche Maßnahmen zeigen kleine Erfolge, können den Prozess jedoch nicht aufhalten.
Längst sind sich die Tiroler daher bewusst, dass sie ihr wichtigstes Gut, die Natur, schützen müssen. Mehr als ein Viertel der Gesamtfläche des Landes gilt mittlerweile als Schutzgebiet, insgesamt gibt es mehr als 80 derartig ausgewiesene Regionen, Tendenz steigend. Viele Pflanzen, etwa das Edelweiß, stehen ebenso unter Naturschutz wie viele Tiere. Konfliktfrei unter einen Hut zu bringen sind die Interessen von Umweltschützern und Wirtschaft aber selten – egal ob es um Kraftwerkspläne, Hotels in unberührter Landschaft oder neue Lifte und Seilbahnen geht.

GLAUBENSFEST

Den Slogan vom „heiligen Land Tirol" brachte 1831 ausgerechnet der Sachse und Protestant Julius Mosen zu Papier, Texter des Andreas-Hofer-Lieds. Im Kern geht diese Charakterisierung aber auf die Zeit der Gegenreformation im 16. Jh. zurück. Die Habsburger regierten Österreich und setzten, teilweise mit Gewalt, den katholischen

Die Natur als phantastischer Tunnelbaumeister: Eishöhle im Tuxer Gletscher

Im heiligen Land Tirol: Fronleichnamsprozession bei wahrem Feiertagswetter

Glauben durch, von dem fast das ganze Land abgefallen war. Im Osten wandten sich die Menschen den Lehren Luthers zu, in Tirol erfreuten sich die Täuferbewegungen großen Zuspruchs. Also holte man katholische Orden ins Land, die den Katholizismus fördern sollten: Prozessionen und Wallfahrten erlebten einen neuen Aufschwung, Andersgläubige wurden gnadenlos verfolgt. Noch 1837, also 300 Jahre später, wurden 427 Zillertaler Protestanten des Landes verwiesen.

Heute dominiert der Katholizismus das Land immer noch, nehmen Prozessionen und Wallfahrten einen hohen Stellenwert ein. Allerdings hat sich die religiöse Landschaft in den letzten Jahren durch Zuzug aus der Europäischen Union und Drittstaaten stark verändert.

DER FLUCH DES EISMANNS

Dass der Fluch des „Ötzi" einige Wissenschaftler dahingerafft hat, die sich mit ihm beschäftigt haben, ist natürlich Unsinn. Auch wenn das gern erzählt wird. Fest steht so viel: Ötzi war ein etwa 45-jähriger Mann, der um 3000 v. Chr. lebte und an einem Pfeil starb, der seine Schulter durchbohrt hatte. Man nimmt an, dass er auf der Flucht war oder von einem Angriff überrascht wurde. Wanderer entdeckten die Gletschermumie 1991 in den Ötztaler Alpen – zwar nur wenige Meter von der österreichischen Grenze entfernt, doch schon auf italienischem Staatsgebiet. Darum ist Ötzi auch in Bozen ausgestellt. Sein Fund war jedenfalls eine archäologische Sensation, nie zuvor war eine derart gut konservierte Leiche aus der Jungsteinzeit in Mitteleuropa gefunden worden.

Noch dazu brachte Ötzi einen Großteil seiner Ausrüstung mit in unsere Zeit: Axt, Bekleidung, Jagdgerät. Stück für Stück gab er preis, wie das Leben in der Steinzeit ausgesehen haben muss. Wenn du da selbst mal reinschnuppern möchtest, mach einen Ausflug ins Ötzi-Dorf (S. 58) in Umhausen.

EMANZIPIERTE TIROLERIN

Nur mit einem Strick um die Taille gesichert, räumt ein junges Mädchen in einer steilen Felswand ein Vogelnest aus – attackiert von einem wütenden Geier, der um seine Brut kämpft. Wer das Wort „Geierwally" hört, denkt wohl automatisch an diese markante Szene. Seit die Schriftstellerin Wilhelmine von Hillern den gleichnamigen Roman 1875 veröffentlichte, wurde die Geschichte um die junge, rebellische Frau vielfach neu interpretiert. Auf einen Stummfilm von 1921 folgte 1940 eine Neuverfilmung, die im Ötztal gedreht wurde und die Blut-und-Boden-Romantik ihrer Zeit widerspiegelt. Neben weiteren Filmen, darunter eine schräge Trash-Parodie von Walter Bockmayer (1988), entstanden eine Oper, Theaterstücke und ein Musical. Dem Plot liegt eine wahre Begebenheit zugrunde: Anna Stainer-Knittel, Vorbild für die literarische Geierwally, wurde Mitte des 19. Jhs. im Lechtal geboren, studierte an der Kunstakademie und gründete eine Malschule für Frauen in Innsbruck. Die Geierwally wurde so zum Symbol für Emanzipation: Sie bewirtschaftete nach dem Tod des hartherzigen Vaters den eigenen Bauernhof und heiratete gegen alle Widerstände den Mann, den sie liebte.

KLISCHEE KISTE

MIT SKIERN GEBOREN

Wenn man sie so an den Wochenenden klettern, rennen und wedeln sieht, könnte man meinen, die Tirolerinnen und Tiroler seien die geborenen Gipfelstürmer. Quasi mit Skiern an den Beinen zur Welt gekommen. Aber die Wahrheit liegt mal wieder in der Mitte. Und zwar ziemlich genau: Denn 48 Prozent der Bevölkerung geben an, „nie Ski zu fahren". Und die, die fanatisch in die Berge ziehen, kommen kurioserweise nicht von dort, wo die Felsriesen Teil des Inventars sind. So hat der Österreichische Alpenverein festgestellt, dass immer mehr Mitglieder aus Städten kommen.

IMMER TRACHTIG UNTERWEGS

Herr und Frau Tiroler tragen Tag und Nacht Lederhose und Dirndl? Das stimmt allenfalls bei Kellnern und Volksmusikbarden. Wahr ist allerdings, dass wohl in fast jedem Tiroler Kleiderschrank das eine oder andere der beschriebenen Stücke hängt. Oft echte Trachten, die mit dem rot-weiß karierten Hemd und der Hose aus dem Souvenirladen nichts gemein haben. Sie sind aufwendig handgemacht, manchmal Erbstücke, die die Zugehörigkeit zu einer Ort- oder Talschaft signalisieren. Klar, dass man die im Alltag nicht trägt, sondern Jeans, wie der Rest der Welt.

ESSEN
SHOPPEN
SPORT
Wo geht's hier zum schönsten Platz im Tannheimer Tal?

Radwanderweg

ESSEN & TRINKEN

Die Berge haben das Land und den Charakter der Tiroler geprägt – und auch die Küche. Denn mit dem harten Leben in der bäuerlichen Almwirtschaft ging ein eingeschränkter, aber möglichst nahrhafter Speiseplan einher. Vieles von dem, was man heute auf den Tisch bekommt, ist allerdings nicht urtirolerisch, sondern fällt unter den Oberbegriff der österreichischen Küche.

EINFACH SCHLEMMEN

Begrenzte Anbauflächen und lange Winter sorgten dafür, dass die Tiroler oft mit wenig Nahrung auskommen mussten. So wurde verwendet, was vorhanden war. Das beste Beispiel ist das Tiroler Gröstl: eigentlich eine Resteverwertung, in der am Montag alles verarbeitet wurde, was vom Sonntagsbraten übrig war.

Am ursprünglichsten lässt es sich auf einer der Tiroler Almhütten futtern. Typisch für ihre Speisekarten sind die Tiroler Knödel mit Speck in einer klaren Rindsuppe oder die Kasknödel, mit Tiroler Graukäse gefüllt. Der Graukäse wird auch kalt, mit Zwiebeln, Essig und Öl, serviert. Der fettarme Käse war ursprünglich ein Armeleuteessen, weil er aus der Milch gemacht wird, die bei der Buttererzeugung übrig bleibt. Vorsicht: Je reifer er ist, desto schärfer sein Geschmack!

Beliebt sind auf den Hütten auch Schlutz- oder Schlipfkrapfen, Tiroler Ravioli, meist mit einer Füllung aus Kartoffeln (die Erdäpfel oder Patati heißen). Nicht zu vergessen: die Brettljause, eine zünftige kalte Platte mit Speck, Käse, Aufstrichen, Eiern und Essiggurkerl – die gibt müden Wanderern oder Mountainbikern wieder Kraft.

WIRTSHAUSKULTUR

Traditionell essen kann man in einem der mehr als 130 zertifizierten Tiroler

Du magst Süßes und Herzhaftes? Dann probier Kaiserschmarrn (li.) und Jausenplatte (re.)

Wirtshäuser *(tiroler-wirtshaus.at)*, gekennzeichnet durch ein grünes Schild mit drei Blättern. Von Kaskrapfen über Tiroler Speckforelle bis zu Lammrücken mit Petersilienkrustel und Brottorte mit Haselnüssen reicht die Palette. Wichtig ist auch das Ripperlessen, deftige Schweinsrippen, die mit Kren (Meerrettich) und Senf serviert werden. Drei Bedingungen haben sich die Wirtshäuser auf die Fahne geschrieben: die Liebe zur Tiroler Kost, die Verwendung frischer, heimischer Produkte sowie authentische Atmosphäre und Architektur.

SIDER-TIPP
Kochen nach Rezept

Wer alles zu Hause nachkochen will: Maria Drewes' Kochbuch „Tiroler Küche" ist ein Klassiker.

KREATIV BIS MEDITERRAN

Neben den traditionellen Restaurants finden sich in Tirol die „Jungen Wilden", die neue Maßstäbe setzen. Der Zillertaler Alexander Fankhauser ist einer von ihnen. Er gehört zu den berühmtesten Köchen Österreichs und ist bekannt für seine neuartigen Kreationen und seine zehngängigen Menüs. Nach Lehrjahren in London und New York kehrte er wieder ins heimatliche Hochfügen zurück. Benjamin Parth in Ischgl, Thomas Grander in Wattens und Simon Taxacher in Kirchberg zählen ebenso dazu. Sie vertrauen auf die traditionelle Tiroler Küche, verfeinern sie aber und zaubern neue Kreationen in ihre Menüs. Ihre Mühe hat sich gelohnt, denn die Restaurants, in denen sie den Kochlöffel in der Hand haben, gehören zu den besten in ganz Österreich. Und nicht nur bei ihnen kommt sehr oft ein mediterraner Einfluss durch. Dem Mittelmeer fühlen sich die Menschen in Tirol schon aufgrund der Nähe zu Italien und des kulturellen Austauschs seit Jahrhunderten zugetan.

KRAPFEN UND NOCKEN

Auch wenn Tirol für seine Süßspeisen nicht so berühmt ist wie etwa Wien mit Sachertorte und Kaiserschmarrn: Schleckermäulchen kommen hier sicher nicht zu kurz. Kiachln – in Öl gebackene Hefeteigringe, die traditionell auf dem Christkindlmarkt mit Preiselbeeren gegessen werden –, Kir(ch)tagskrapfen mit einer Füllung aus Birnen und Mohn, Schwarz- oder Moosbeernocken (Heidelbeeren in einem Pfannkuchenteig) sind nur ein kleiner Auszug aus dem üppigen Süßspeisenrepertoire Tirols, das einem das Wasser im Mund zusammenlaufen lässt. Eine Spezialität aus dem Unterland ist die Prügeltorte. Wobei sie mit einer Torte, wie man sie landläufig kennt, wenig zu tun hat. Der Teig wird nämlich auf einen sich drehenden Prügel, eine Holzwalze, getropft und Schicht für Schicht über offenem Feuer gebacken. Schmeckt nicht nur köstlich, kostet auch viel.

Und nach dem Essen ein Schnapserl, zum Beispiel von der Marille

UNVERZAGTE WINZER

Traditionell wird zum Essen in Tirol Bier getrunken. Ein Grund dafür ist, dass die hohe Lage und der lange Winter nicht ideal für den Weinbau sind. Dennoch versuchen inzwischen rund 20 Winzer in Nord- und Osttirol auf kleinen Anbauflächen ihr Glück. In jedem besseren Lokal findest du aber in jedem Fall eine ausgesuchte Weinkarte. Waren es bis vor ein paar Jahren noch italienische Tropfen, die in Tirol an erster Stelle standen, so sind es heute eher österreichische Weine. Das liegt auch daran, dass sich der Osten Österreichs als Weinland etabliert hat: Niederösterreich, das Burgenland oder die Steiermark zählen mittlerweile zu den besten Weinbaugebieten der Welt. Speziell Weißweine wie der Grüne Veltliner gehören zu den Spitzensorten. Unter den Rotweinen ist der Zweigelt einer der bekanntesten. Ebenfalls sehr beliebt sind Edelvernatsch und Grauvernatsch, eine Rotweinsorte, die speziell in Südtirol verbreitet ist.

Wem das alles zu üppig wird, dem hilft einer der berühmten Tiroler Digestifs: Das allseits bekannte Schnapserl, egal ob Obstler, Marille, Vogelbeere oder Birne, ist unverzichtbar und rundet jedes Mahl ab. Und wer schon einmal den aus Zirbenzapfen angesetzten, süßen Zirbenschnaps getrunken hat, wird auf jeden anderen Magenbitter verzichten.

Unsere Empfehlung heute

Vorspeisen

BREZENSUPPE
Klein geschnittene Laugenbrezen, mit Käse bestreut und mit Rinderbrühe aufgegossen

GERSTENSUPPE
Angerichtet mit geräuchertem Schweinefleisch und Speck

GRAUKAS
Säuerlicher Käse aus Magermilch, serviert mit Essig, Öl und viel Zwiebeln

GRIESSNOCKERLSUPPE
Grießnockerln in Rinderbrühe mit viel Schnittlauch

Hauptgerichte

TIROLER SPECKKNÖDEL
Semmelknödel mit Tiroler Speck, serviert in Suppe (auf Wunsch auch auf Kraut)

TIROLER MUAS
Fester Grießbrei in der Pfanne, mit zerlassener Butter übergossen

BAUERNSCHMAUS
Große Holzplatte mit Schweinskoteletts, Selchfleisch und Frankfurter Würstchen, angerichtet mit Sauerkraut und Petersilienkartoffeln

KASPRESSKNÖDEL
Flach gedrückte Knödel mit Käse, wahlweise in der Suppe oder mit Salat

Desserts

SCHEITERHAUFEN
Überbackenes Weißbrot mit Milch, Äpfeln, Rosinen und Zucker, zu einem Türmchen aufgestapelt

APFELRADLN
In Teig getauchte und in Fett gebackene Apfelringe, mit Zucker serviert

SCHWARZBEERNOCKEN
Pfannkuchenteig mit Heidelbeeren gemischt und mit Staubzucker bestreut

Getränke

HOLLERSAFT
Aus den Beeren des Holunderstrauchs hergestellter Sirup, mit Mineralwasser aufgegossen

RADLER
Mischgetränk aus Bier und Kräuterlimonade

ENZIAN
Schnaps aus den Wurzeln des Enzians

SHOPPEN & STÖBERN

Handwerk hat in Tirol große Tradition. Abseits von kitschiger Massenware gibt es viele wertige Artikel aus Holz, Glas, Stein und anderen Materialien. Aber auch Tiroler Mode ist längst mehr als Dirndl, kariertes Hemd und Lederhosen.

FRAGILE SCHÖNHEIT

Die Glasbläserei ist vor allem in Rattenberg und in Kramsach zu Hause. In den kleinen Geschäften sieht man hier die Glasbläser bei der Arbeit, wie sie Blumen, Figuren, Vasen oder Flaschen herstellen. Weltberühmt für ihre Glaskristalle ist die Tiroler Firma *Swarovski* mit Firmensitz in Wattens. Glas ganz anderer Art stellt *Riedel* in Kufstein her. Schon in den 1950er-Jahren begann die Firma, Weingläser zu produzieren, die den Geschmack des Weins betonen. Heute gehören handgeblasene Riedel-Gläser zu den exklusivsten Weingläsern der Welt.

STOFFE FÜR DIE EWIGKEIT

Loden (verwobenes und gewalktes Schafwollgarn) und Leder sind Teil der Tiroler Tracht, und zwar aus einfachen Gründen: Die Materialien wärmen, sind strapazierfähig und in Tirol im Überfluss vorhanden. Die Bauern konnten sie in Heimarbeit bearbeiten oder von fahrenden Händlern verschönern lassen. Jacken, „Filzpatschen" (Filzpantoffeln) und der berühmte Tiroler Hut sind aus Loden. Loden gilt heute in Tirol als schick. Es ist teuer und in gut sortierten Boutiquen erhältlich.

GENUSS UND MEDIZIN

Früher wurde aus allem Schnaps gemacht, was während des Gärprozesses genug Alkohol erzeugte: Zwetschgen, Äpfel, Marillen oder eine Obstmischung, aber auch Rüben und Kartoffeln. Dementsprechend scharf lief der Tropfen die Kehle hinunter. Mittlerweile hat sich das geändert. Die edlen

Feine Einkäufe: Walkjanker (li.) und Obstbrand aus schwarzen Johannisbeeren (re.)

Tropfen gewinnen Auszeichnungen. Besonders beliebt ist nach wie vor der fruchtige Obstler, der feine, mandelartige Vogelbeerschnaps und der süße Zirbenschnaps, der aus den Zapfen der Zirbelkiefer hergestellt wird. Kauf den Schnaps am besten im gut sortierten Lebensmittelhandel oder beim Produzenten und nicht beim Souvenirstand.

DEN STEINBOCK AUF DER BRUST

Tirol hat sich in den vergangenen Jahren als Modelabel etabliert. Funktionskleidung, Retroprodukte oder Rucksäcke – kaum ein Tiroler, der nicht ein Teil mit dem roten Logo im Schrank hängen hat.

INSIDER-TIPP
Tirol statt Gucci

Besonders beliebt sind die warmen Wollmützen für den Winter und T-Shirts mit netten Zeichnungen und coolen Sprüchen für den Sommer. Die Artikel gibt es in Tourismusbüros, Sportgeschäften und unter *tirolshop.com*.

SPECK „TO GO"

Der Verkauf von Bauernprodukten hat in Tirol eine lange Tradition. In jedem kleinen Dorf gibt es mehrere Landwirte, die ihre Produkte direkt ab Hof verkaufen und oft eine breite Palette anbieten: Hauswürste, Speck, Fleisch, Milchprodukte wie Käse, Honig, aber auch hochprozentig Selbstgebranntes wie Marillen- oder Zwetschgenschnaps oder Obstler. Daneben bieten Bauern je nach Jahreszeit auch Obst, Gemüse und Marmelade an. Außerdem wird in fast allen Orten Tirols regelmäßig ein Bauernmarkt veranstaltet, bei dem die lokalen Landwirte gemeinsam ihre Produkte auf dem Hauptplatz anbieten. Und sollte einmal kein Markttag sein, dann gibt es in fast jedem Dorf Automaten mit frischer Milch und Hausgemachtem.

SPORT

Tirol ist ein Paradies für Sportler: Skifahren, Snowboarden oder Rodeln sind österreichweit top, aber auch im Sommer ist Tirol perfekt für Mountainbiker, Kletterer und Wanderer. Ob für Adrenalinjunkies oder Erholungssuchende – Tirol tut alles, um das Sportangebot laufend zu verbessern und die Anlagen und Wege auf dem neuesten Stand zu halten.

BIKEN & RADFAHREN

Mountainbiken ist auf Forststraßen in Österreich prinzipiell verboten. In Tirol hat man aber mit einem eigenen Mountainbike-Modell ein großartiges Netz von Radstrecken aller Schwierigkeitsgrade geschaffen. Wenn jedoch irgendwo ein ausdrückliches Verbot besteht, dann solltest du das umso mehr einhalten. Mehr als 1000 km quer durch Tirol in mehr als 30 Etappen mit unterschiedlichen Schwierigkeitsgraden, die alle gut ausgeschildert sind, warten auf Mountainbiker auf dem *Bike Trail Tirol (short.travel/tir11)*. Im *Bikepark Tirol (bikepark-tirol.at)* im Wipptal oder im *Bikepark Oberndorf (kitzbueheler-alpen.com)* finden Freerider ihr Glück.

Spätestens seit der Straßenrad-WM 2018 weiß es die ganze Welt: Tirol bietet landschaftlich schöne, aber auch spektakuläre Strecken. Wie etwa im Innsbrucker Stadtteil Hötting die 28 % steile Rampe über die „Höll" auf die Hungerburg. Wer da einmal absteigt, kommt nicht wieder in den Sattel. Mehr als 40 km lang ist ein *Radweg durch das Zillertal*. Er beginnt am Inntalradweg in Rotholz und führt über Strass, Aschach, Zell am Ziller, Hippach bis nach Mayrhofen. In Osttirol findet sich der *Drauradweg*, der von Sillian bis Lienz und weiter bis Marburg führt

INSIDER-TIPP
Absteigen verboten

Topziel für Senkrechtstarter: In Tirol gibt es tolle Klettergärten

und einer der schönsten Radwege Österreichs ist. Ausführliche Informationen findest du unter *tirol.gv.at/sport/radfahren*.

KLETTERN

Tirol ist ideal für Kletterfans. Die besten Klettergärten finden sich an der Martinswand bei Zirl. Sehr gute Infos und die letzten News gibt es auf *climbers-paradise.com*.

Kletterschulen bieten je nach Können Kurse und Touren an: *Adventure Center Element 3 (Klostergasse 8 | Kitzbühel | Tel. 05356 7 23 01 | element3.at); Bergsteigerschule Stubai (Bahnstr. 17 | Fulpmes | Tel. 05225 6 34 90 | alpinschulen.at)*.

Mit mehr als 80 begehbaren Routen und einer großen Boulderanlage wartet die *Kletterhalle Imst* (s. S. 52) auf, eine der größten Tirols. Das *Kletterzentrum Innsbruck (tgl. 9–22 Uhr | Matthias-Schmid-Str. 12c | Eintritt 16 Euro | Tel. 0512 39 73 40 | kletterzentrum-innsbruck.at)* ist eine der modernsten Indoor- und Outdoor-Kletteranlagen Österreichs. Das Sportzentrum *Arlpark (tgl. im Winter ab 14, bei Schlechtwetter und im Sommer ab 10 Uhr | Bahnhofstr. 1 | Tageskarte ab 12 Euro | Tel. 0660 9 98 80 66 | arlpark.com)* in Sankt Anton am Arlberg punktet unter anderem mit Klettern, Bouldern, Seilklettern, Dry-Tooling, Tennis, Bowling und High-Performance-Trampolinfeldern.

Da braucht es Kraft in Armen und Beinen und eine ordentliche Ausdauer: Der *Innsbrucker Panorama Klettersteig* führt etwa fünf Stunden über sieben Gipfel und bietet einen herrlichen Ausblick auf die Stadt. Gefürchtet ist der *Martinswand-Klettersteig* bei Zirl, dessen zweite Sektion dir alles abverlangt. Ein weiterer, nicht allzu schwieriger und sehr romantischer Klettersteig führt entlang dem *Stui-*

Auch auf Skiern geht es den Berg hinauf – Fitness vorausgesetzt

benfall im Ötztal. Den krönenden Abschluss dieser Tour bildet eine Seilbrücke, über die du den Wasserfall querst. *Infos: tirol.at/klettersteige*

NORDIC WALKING

Das größte Angebot für den sanften Sport findest du in der Silberregion Karwendel rund um Schwaz. Hier erläufst du dir auf 43 Strecken mehr als 400 km Tirol, von der Speedstrecke bis zur gemütlichen Familienwanderung *(wilderkaiser.info)*. Das Tannheimer Tal im Außerfern wirbt mit der größten Lauf- und Nordic-Walking-Arena Tirols mit allen Schwierigkeitsgraden, eigenen Karten und wöchentlichen Anfängerkursen für die richtige Technik. Infos gibt es im *Tourismusbüro (Tel. 05675 6 22 00 | tannheimertal.com)*.

PARAGLIDING

Auf dem Mieminger Plateau und bei Kössen befinden sich die schönsten Fluggebiete in Tirol. Eine Ausbildung vorm Abheben ist vorgeschrieben. Bei folgenden Anbietern kannst du in die Luft gehen. *Osttirol: Blue Sky Flugschule (Sillian 83 | Hochpustertal | Tel. 04842 51 76 | bluesky.at); Unterland: Fly Tirol Flugschule (Westendorf | Tel. 0676 6 42 20 88 | fly-tirol.com); Oberland: Oetz Air (Oetz | Tel. 0664 452 43 93); Stubaital: Flugschule Parafly (Neustift | Tel. 05226 33 44 | parafly.at)*

RAFTING

Mit dem Boot auf Wildwassern einfach loszupaddeln ist in Tirol verboten: Du brauchst einen staatlich geprüften Guide dazu. Die Bandbreite reicht von einer ruhigen Fahrt auf dem Inn bis zu einem heißen Wellenritt über einen Gebirgsfluss. Anbieter findest du unter *aktiv-tirol.com/rafting.htm.*

RODELN

250 ausgebaute Rodelstrecken stehen Schlittenfans im Winter zur Verfügung. Beliebt sind vor allem nächtliche Rodelpartien, wie etwa im Wintersportort Kühtai in den Stubaier Alpen – in einer halben Stunde spaziert man auf die Graf-Ferdinand-Hütte, oder man lässt sich mit dem Rodel-Shuttle bei der Talstation Drei-Seen-Lift abholen. Sommerrodelbahnen gibt es in Imst, im Stubaital oder in Biberwier (s. S. 43).

SKIFAHREN & SNOWBOARDEN

Die hippsten Skigebiete mit großem Après-Ski-Angebot sind Arlberg, Ischgl, Serfaus und Hochfügen im Zillertal. Im Skigebiet Penken liegt die steilste präparierte Piste Österreichs, mit dem vielsagenden Namen „Harakiri".

Das Kühtai in den Stubaier Alpen hat mit dem *KPark (kuehtai.info/kuehtai-snowpark)* einen der besten Snowparks in Tirol, mit hohen Schanzen, Sprüngen und Slidebars. Der genügt sogar den Ansprüchen von Profis.

Auch der Nordpark auf der Seegrube hat einiges zu bieten. Die Seegrube ist bei Snowboardern sehr beliebt, aber sehr steil und deshalb etwas für Könner. Für Einsteiger gut geeignet ist der Park in Ischgl.

TAUCHEN

Die tiefen, oft geheimnisvoll dunklen Seen in Tirol sind ein besonderes Taucherlebnis: z. B. der Achen- oder der Urisee. Eine Steigerung dazu ist das Tauchen in Bergseen, zu denen du die Ausrüstung zu Fuß schleppen musst. Die *Tauchschule Kuchling (tauchen-in-tirol.at)* bietet pro Sommer zwei oder drei Bergseen-Events an.

WANDERN

Tirol ist ein Paradies für Wanderer. Die Palette reicht von hochalpinen bis zu gemütlichen Touren. Der *Adlerweg (tirol.at/adlerweg)* zieht sich quer durchs Land, der *Lechweg* (s. S. 46) beginnt am Ursprung des Lechs und endet am Lechfall in Füssen. Die Wege sind gelb ausgeschildert, die angegebenen Zeiten nichts für Schlenderer.

Für Naturschutz stehen die Bergsteigerdörfer des Alpenvereins *(bergsteigerdoerfer.org)*. Liftbauten und Hotelburgen sind dort verboten. Dafür halten sie spezielle Angebote z. B. für Wanderer und Skitourengeher bereit, mit einem Wort: sanften Tourismus. In Tirol sind dies Ginzling im Zillertal, die Region Sellraintal (Umgebung von Innsbruck), Sankt Jodok, Schmirn- und Valsertal (Wipptal), Gailtal (Osttirol), Vent (Ötztal) und das Villgratental (Osttirol).

INSIDER-TIPP
Liftleerer Raum

Grundsätzlich gilt: Niemals in Sneakern wandern, sondern Wanderschuhe anziehen! Die kauft man am besten im Fachhandel oder gleich vor Ort. Und nie vergessen, vor einer Tour die Wettervorhersage zu prüfen – besonders im Sommer ist die Gewittergefahr groß.

DIE REGIONEN IM ÜBERBLICK

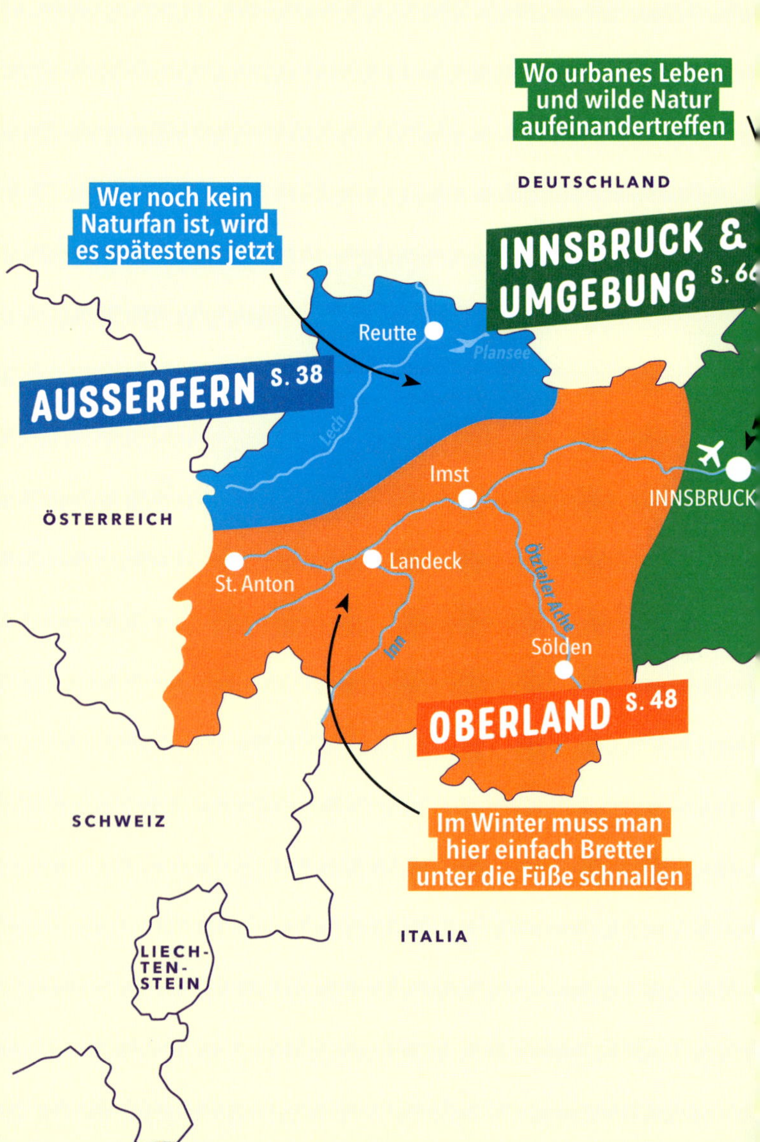

ÖSTERREICH
Die gemütliche Lebensart der Menschen dort ist ansteckend
Kufstein
Großache
Inn
Achensee
Kitzbühel
UNTERLAND S. 86
Schwaz
ÖSTERREICH
Ziller
OSTTIROL S. 104
Isel
Lienz
Abgeschnitten vom Rest des Landes, dafür mit vielen Eigenheiten
Drau
ITALIA
20 km
12.43 mi

AUSSERFERN

DER NATUR GANZ NAH

Vom Fuß der Zugspitze bis ins Lechtal hinein erstreckt sich diese Ferienregion mit der romantischen Kulisse beeindruckender Berge und vieler Seen. Mit dem Lechtal hat die Region das Vorzeige-Naturschutzgebiet des Landes schlechthin.

Als man sich entschloss, den Lech nicht zu verbauen, sondern bestehende Hochwasserschutzeinrichtungen sogar zurückzubauen, war die Skepsis groß. Doch die Kritiker wurden eines Besseren belehrt. Heute ist die (wieder) unberührte Natur der größte Reichtum

Geschützte Flusslandschaft: Geh mal wandern im Naturschutzgebiet Lechtal

des Tals. Wanderer und Radfahrer wissen das zu schätzen. Umtriebiger geht es dafür in der Zugspitzarena zu. Dort tummeln sich im Winter Skifahrer, im Sommer Mountainbiker und Menschen, die einfach einmal von der Tiroler Seite auf den höchsten Berg Deutschlands wollen. Ein Wermutstopfen ist der Reiseverkehr, der das Außerfern auch in den Staumeldungen berühmt macht. Ein Straßen- und/oder Bahntunnel unter dem Fernpass soll mittelfristig Abhilfe schaffen.

MARCO POLO HIGHLIGHTS

★ **ZUGSPITZE**
Von der Tiroler Seite ist der Aufstieg auf Deutschlands höchsten Berg am spektakulärsten ➤ S. 42

★ **BURGENWELT EHRENBERG**
Mit Schild und Schwert: ein Riesenspaß auf einer der größten mittelalterlichen Burgen Tirols ➤ S. 45

★ **PLANSEE**
Ein Erlebnis wie in einem norwegischen Fjord ➤ S. 46

DEUTSCHLAND
23km, 23 Min.
Plansee
Griesen
Grainau
Zugspitze
Zugspitzarena
Bichlbach
Wengle
Lermoos
Ehrwald
S. 42
Biberwier
1 Schloss Fernstein
179
17km, 20 Min.
Nassereith
Wildermieming
Obermieming
Obsteig
Untermieming
Mötz
Stams
Dollinger
A12
Silz
Haiming
4 km
2.49 mi

EHRWALD & DIE ZUGSPITZARENA

(E–F 3–4) **Zur Zugspitzarena gehören die Ortschaften Ehrwald, Lermoos, Bichlbach, Berwang und Biberwier.**

Schon seit Anfang des 20. Jhs. kommen Gäste nach Ehrwald (2700 Ew.), das in 995 m Höhe liegt. Hier hat man nicht das Gefühl, in einem Touristenort zu sein, eher in einem beschaulichen Dorf. Lange herrschte in der Region Stillstand, mittlerweile weht ein Wind der Erneuerung. Hotels und Attraktionen bieten Luxus, der international jedem Vergleich standhält.

SIGHTSEEING

ZUGSPITZE ★

Der Blick vom Gipfel des höchsten Bergs Deutschlands (2962 m) ist ebenso atemberaubend wie der Preis für die Gondelfahrt *(Berg- und Talfahrt 60,50 Euro | zugspitze.at)*. Dafür ist der Eintritt ins *Erlebnismuseum (1–2 Std.)* inbegriffen, in dem du einen Einblick in die Geschichte der Zugspitze und den Bau dieser ersten Tiroler Seilbahn erhältst. Hier oben findest du auch den höchstgelegenen Biergarten Deutschlands. In der Sommersaison gibt es mittwochs und an ausgewählten Tagen ab 18.30 Uhr Fondue im *Gipfelrestaurant (Ende Mai–Okt. tgl. 8.40–16.40 Uhr | Tel. 05673 23 09 | Fondue 96 Euro inkl. Bahn)*. Der romantische Sonnenuntergang und die musikalische Begleitung sind beim Schlemmen inklusive. Zurück ins Tal geht es wieder mit der Gondel. *F3*

BICHLBACH

Der beschauliche Ort (800 Ew.) ist ein Ferienziel für Biker und Wanderer. Mit der *Sankt-Josefs-Kirche* (17. Jh.) besitzt Bichlbach die einzige Zunftkirche in Österreich. Hier wurden die Handwerker im Frühjahr verabschiedet, bevor sie hinausgingen in die Nachbarländer – denn Einkommensmöglichkeiten abseits der Landwirtschaft waren damals rar. Im *Zunftmuseum (Mo–Fr 9–12 Uhr | Eintritt 4 Euro | Wahl 31a | zunftmuseum.at | 45 Min.)* kannst du erfahren und ein bisschen mitfühlen, wie Zimmerleute, Maurer und Vergolder damals gelebt und gearbeitet haben. *E3*

INSIDER-TIPP Saisonarbeit früherer Jahrhunderte

BERWANG

In dem abseits vom Ortsgebiet Berwangs gelegenen Ortsteil Rinnen befindet sich mit dem *Stadl Bräu* die höchstgelegene Brauerei Österreichs. In der Hausbrauerei des *Hotel Gasthof Thaneller (Rinnen 38 | Tel. 05674 81 50 | hotelthaneller.at | €€–€€€)* werden drei Sorten – Helles, Dunkles und Weißbier – gebraut. Lass dir vom Wirt nicht nur die Brauerei zeigen, sondern dich auch mit dem bunten Spielzug Stadl-Bräu-Express entführen. Es geht entweder zum nahen Wasserfall oder zum „Ende der Welt", wo das offene Tal ganz eng wird. *E3*

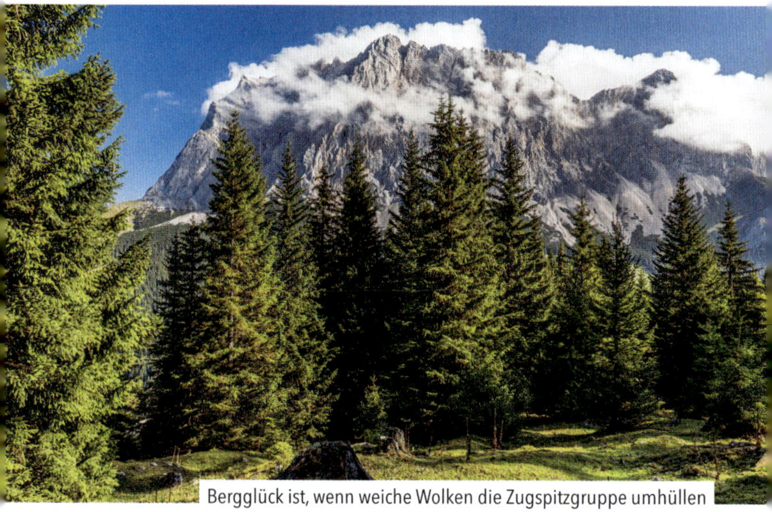
Bergglück ist, wenn weiche Wolken die Zugspitzgruppe umhüllen

ESSEN & TRINKEN

FISCHER AM SEE

Nach dem Genuss eines der exquisiten Fischgerichte ist ein Spaziergang am Heiterwanger See zu empfehlen. Viele Gerichte mit Bioprodukten und Kräutern aus dem eigenen Garten. *Mai–Okt. und Dez.–März tgl. 12–14.30 und 18–21 Uhr | Fischer am See 1 | Heiterwang | Tel. 05674 51 16 | fischeramsee.at | €€*

SHOPPEN

ZIEGENPETERHOF

SIDER-TIPP
Geschichten vom Bauernhof

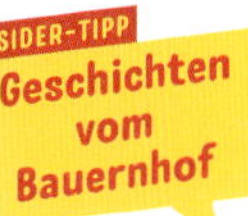

Alles von der Ziege: Käse, Joghurt und Ziegenmilcheis, und zwar bio. Wenn der Ziegenpeter Zeit hat, erzählt er dir mit viel Tiroler Schmäh seine Bauernhofanekdoten. *Verkauf Di–Sa 16–19 Uhr | Lähngraben 10 | Ehrwald | ziegenpeterhof.at*

SPORT & SPASS

BEARFOOT RANCH

Hier in Berwang gibt's Yoga mit Pferd, Ponyspielstunden und sanfte, alternative Wege, mit Pferden Zeit zu verbringen. Es werden übrigens auch Kräuter- und Schnapsbrennerkurse angeboten. *Haus Nr. 128 | Tel. 05674 81 98 | beimschnapsbrenner.at*

SOMMERRODELBAHN

Großen Spaß verspricht die rasante Abfahrt über die mit 1300 m längste Sommerrodelbahn Tirols in Biberwier. *Im Sommer tgl. 8.30–17 Uhr | Erw. 9,70, Kinder 6,10 Euro pro Fahrt | bergbahnen-langes.at*

WANDERN

Eines der schönsten Ziele ist der *Seebensee* (1657 m). Mit der *Ehrwalder Almbahn (tgl. 8.30–16.45 Uhr | 21,50 Euro | almbahn.at)* geht es hinauf und dann ca. 1 ½ Std. zu Fuß weiter. Eine Einkehrmöglichkeit besteht auf der *Seebenalm (Ende Mai–Anfang Okt. tgl. 9–17 Uhr)* 100 m unterhalb des Sees.

AUSGEHEN & FEIERN

IRISH PUB EHRWALD

Früher ein Musikcafé mit Veranstaltungssaal, heute ein Irish Pub mit Karaoke. *Di–Sa ab 20 Uhr | Hauptstr. 27a | Ehrwald | irish-pub-ehrwald.com*

RUND UM EHRWALD

1 SCHLOSS FERNSTEIN

17 km / 20 Min. von Ehrwald (Auto)

Das Schloss liegt malerisch auf der Route nach Innsbruck gleich hinter dem Fernpass. 1519 erstmals erwähnt, beherbergte es Kaiser und Könige, die auf dieser einst wichtigen Verbindung zwischen Allgäu und Tirol unterwegs waren. Die privaten Seen *Fernsteinsee* und *Sameranger See* neben dem Schloss sind wegen ihrer Klarheit und einmaligen Flora ein Geheimtipp für Taucher, allerdings nur für die Gäste des *Hotels Fernsteinsee (33 Zi. | Nassereith | Tel. 05265 52 10 | fernsteinsee.at | €€).* *(Karte) E3*

REUTTE & DAS LECHTAL

(Karte B–E 2–4) **Eingebettet zwischen Lechtaler und Allgäuer Alpen liegt das Lechtal. Der wildromantische Lech und seine Auen – einer von Tirols schönsten Naturparks – durch-**

Mutprobe mit Durchhänger: auf der Highline 179, einer 406 m langen Hängebrücke

ziehen das Tal und laden zu Wanderungen und Radtouren ein.
Der Hauptort Reutte (7000 Ew.), heute Bezirkshauptstadt des gesamten Außerfern, besticht durch kunstvolle Barockhäuser im Zentrum.

SIGHTSEEING

GRÜNES HAUS

Das Heimatmuseum in Reutte dokumentiert die handwerkliche, künstlerische und wirtschaftliche Entwicklung des Außerfern. Sehenswert sind die Werke der berühmten Künstlerin der Region – der „Geierwally" Anna Stainer-Knittel. *Di–Sa 13–17 Uhr | Eintritt 5 Euro | Untermarkt 25 | museum-reutte.at | 1 Std. | E2*

ALPENBLUMENGARTEN

Mehr als 600 Arten hochalpiner Pflanzen wie Enzian oder Frauenschuh blühen hier auf dem Hahnenkamm. *Sommer tgl. 9–16.30 Uhr | Bergbahnstr. 18 | mit den Reuttener Seilbahnen (Bergfahrt 21 Euro) zu erreichen: bergwelt-hahnenkamm.at | 2 Std. | D2*

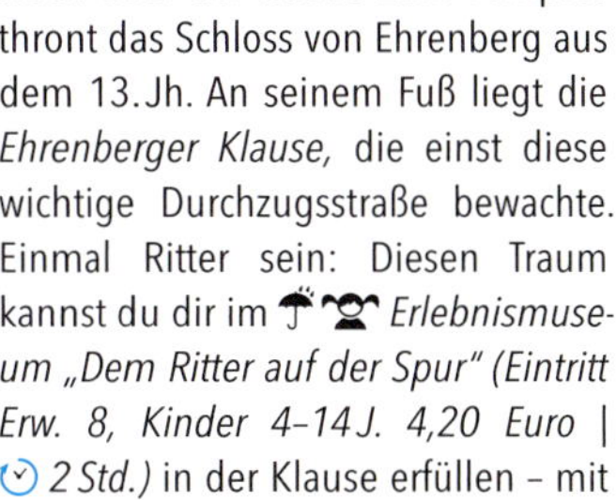

BURGENWELT EHRENBERG ★

Hoch über der Straße zum Fernpass thront das Schloss von Ehrenberg aus dem 13. Jh. An seinem Fuß liegt die *Ehrenberger Klause,* die einst diese wichtige Durchzugsstraße bewachte. Einmal Ritter sein: Diesen Traum kannst du dir im *Erlebnismuseum „Dem Ritter auf der Spur" (Eintritt Erw. 8, Kinder 4–14 J. 4,20 Euro | 2 Std.)* in der Klause erfüllen – mit Ritterrüstungen und -waffen zum Anfassen, auch für Kinder ein Spaß. Jedes Jahr am letzten Juliwochenende findet hier ein großes Ritterspektakel statt. Die Burganlage kannst du frei begehen. Etwa eine Stunde brauchst du von Reutte aus, um hinauf zum Schloss mit seinem tollen Ausblick und wieder hinunter zu laufen. Man kann aber auch mit dem Schrägaufzug das sogenannte Hornwerk und die Highline 179 erreichen. Die *Highline 179 (tgl. 8–22 Uhr | 10 Euro, Ticket in der Burgenwelt oder am Automaten an der Brücke | highline179.com),* eine 406 m lange Hängeseilbrücke, verbindet die Burgruine mit dem *Fort Claudia. Mai–Okt. tgl. 10–18, Nov.–April 10–16 Uhr | ehrenberg.at | E2–3*

INSIDER-TIPP
Per Aufzug ins Ritterabenteuer

ELBIGENALP

Der kleine Ort (850 Ew.) im Lechtal ist Geburtsort der „Geierwally" und Zentrum der Tiroler Schnitzkunst. Die *Schnitzschule (Dorf 57 | schnitzschule.at)* zeigt eine Ausstellung mit Werken von Schülern *(Mo, Mi–Fr 8–11.30 und 13.15–17 Uhr, Di nur vormittags).* Wer Lust auf einen Schnitzkurs bekommen hat, dem sei die *Schnitz- und Bildhauerschule Geisler-Moroder* empfohlen *(Dorf 63 | Tel. 05634 62 15 | schnitzschule.com). C4*

HOLZGAU

Die Häuserfassaden in Holzgau (400 Ew.) wurden vor Jahrhunderten mit religiösen Motiven bemalt – der Stil ist heute als Lüftlmalerei bekannt. Nur noch wenige originale Häuser sind erhalten, etwa das große rosarote am Dorfplatz. Im Haus Nr. 35 ist das

Servus! Am Vilsalpsee im Tannheimer Tal geht's gelassen zu

Heimatmuseum (Führung jeden Mo 10–12 Uhr, mit Gästekarte gratis | Tel. 05633 53 56 | lechtal.at | 45 Min.) untergebracht, in dem das karge bäuerliche Leben beleuchtet wird. *B–C4*

ESSEN & TRINKEN

ZUM DORFWIRT

Gute, gehobene Tiroler Küche in schönen Holzstuben. Mit Garten. *Tgl. 11.30–20 Uhr | im Alpenhotel Ernberg | Planseestr. 50 | Breitenwang | Tel. 05672 7 19 12 | ernberg.at | €€*

LANDGASTHOF SCHUSTER

Bodenständige Küche – und zu einem „Plauscherl" sind die Gastgeber immer gern bereit. *Mi–So 11–22 Uhr | Nesselwängle 90 | Nesselwängle | Tel. 05675 81 31 | schuster.co.at*

EISDIELE EISDIRNDL

Für manche das beste selbst gemachte Eis des Tals. *Mi–So 13.30–18 Uhr | Höf 1 | Tannheim*

SHOPPEN

AUSSERFERNER BAUERNLADEN

In diesem Bauernladen in Reutte bekommst du Selbstgemachtes aus der Region, danach im Shop Kaffee mit vorzüglichem Kuchen. *Di–Fr 9–18, Sa 9–12 Uhr | Untermarkt 9*

SPORT & SPASS

LECHWEG

Der Weg führt 125 km durch eine der letzten Wildflusslandschaften Europas von der Quelle in Vorarlberg bis zum Lechfall in Füssen. Die Highlights der 15 Etappen: die größte Steinbockkolonie Europas, ein Wasserfall, der jährlich neu entspringt, zahlreiche Hängebrücken mit bis zu 110 m Höhe und ganz viel unberührte Natur. Wer nicht mehr kann oder will, nimmt den *Gratis-Wanderbus (im Halbstundentakt durch das Tal und die Seitentäler). lechweg.com*

INSIDER-TIPP
Ein Bus für müde Beine

PLANSEE ★

Die Wassertemperatur des größten Sees im Außerfern steigt selten über 20 Grad. Zwei Elektroboote kreuzen auf dem Plansee und fahren durch einen Kanal auch zum *Heiterwanger See (Rundfahrt 20,50 Euro).* Die schroffen Berge erinnern an norwegische Fjorde. Zur Einkehr lädt die *Musteralpe (Sommer Mi–So ab 10 Uhr | Tel.*

05672 78118 | musteralpe-plansee.at) hinterm Campingplatz. *E2–3*

RADFAHREN

Das Lechtal ist am schönsten mit dem Rad zu erkunden. Fahrräder und E-Bikes kann man in Reutte im *Sport 2000 (Mo–Sa ab 8.30 Uhr | Allgäuer Str. 15 | Tel. 05672 62232)* ausleihen.

AUSGEHEN & FEIERN

CAFÉ BAR STEH

Gemütliche Bar mit gemischtem Publikum im Zentrum von Reutte. *Mi, Do 7.15–24, Fr, Sa 7.15–2, So 14–22 Uhr | Untermarkt 33 | Tel. 05672 71133 | steh.at*

GEIERWALLY FREILICHTBÜHNE

Nicht nur, aber auch lokale Geschichten wie die „Geierwally" oder die „Schwabenkinder" in Theaterform werden im Sommer unter freiem Himmel gespielt. *Fr, Sa | Karten ab 29 Euro | Vorverkauf: Lechtal Tourismus, Tel. 05634 531512 | Elbigenalp | geierwally.at*

RUND UM REUTTE

2 TANNHEIMER TAL

25 km / 30 Min. von Reutte nach Tannheim (Auto)

Eines der schönsten Hochtäler der Alpen, ein Paradies zum Wandern. Der schönste See mit glasklarem Wasser ist der *Vilsalpsee* (1168 m) bei Tannheim. Kein Auto stört hier, weil die Straße ins Naturschutzgebiet Vilsalpsee in beide Richtungen gesperrt ist (tgl. 8–17 Uhr). Fischereikarten und Ruderboote bekommst du ungewöhnlicherweise bei der *Tabak Trafik Tannheim (Mai–Okt. | Geist 45 | Tannheim | Tel. 05675 6266 | vilsalpsee.com)*. Das Hotel *Sonnenhof (Füssner-Jöchle-Str. 5 | Tel. 05675 6375 | sonnenhof-tirol.com | €€)* in Grän hat sich durch sein Gourmetrestaurant und Genießerwirtshaus einen Namen gemacht. *C–D2*

INSIDER-TIPP
Ruderboot statt Tabak

SCHÖNER SCHLAFEN IM AUSSERFERN

URALT UND DOCH MODERN

Das *Hotel Mohren (54 Zi. | Untermarkt 26 | Reutte | Tel. 05672 62345 | hotel-mohren.at | €€)* ist mehr als 400 Jahre alt. Moderne Zimmer geben dir den Blick frei auf die beeindruckende Berglandschaft. Der Wellnessbereich bietet ein großes Schwimmbad, finnische und Biosauna sowie ein Dampfbad.

HOTEL MIT PLÜSCHOPTIK

Wer es extravagant mag, ist im *Hotel Liebes Rot Flüh (101 Zi. | Seestr. 26 | Haldensee | Tel. 05675 64310 | rotflueh.com | €€€)* bestens aufgehoben. Der rosarote Bau erinnert an ein Schloss des Bayernkönigs Ludwig. Komfortable Zimmer, ein riesiger Wellnessbereich und mehrere Restaurants stehen dir zur Verfügung. Der Haldensee ist nur zehn Gehminuten entfernt.

OBERLAND

JETZT WIRD'S STEIL

Vom Reschen bis Innsbruck reicht die obere Hälfte des Inntals, das Oberland. Das Tal ist hier noch eng und schroff, die Berge sind höher als im Unterland. Außerdem zweigen zahlreiche Seitentäler ab, in denen es immer noch enger und steiler wird. Und in diesen Seitentälern ist besonders im Winter viel los.

Das Paznauntal mit Ischgl und das Ötztal mit Sölden gehören zu den bekanntesten Skidestinationen Tirols, die nicht immer ein schönes Bild abgeben. Das Sonnenplateau Serfaus-Fiss-Ladis hin-

Durchatmen und staunen: Aussichtsplattform am Tiefenbachgletscher bei Sölden

gegen setzt auf Familienfreundlichkeit, und Sankt Anton präsentiert sich mondän. Im Sommer wandelt sich das Bild komplett: Die Après-Ski-Bars sind geschlossen, die Täler ruhiger und die Berge voller Vielfalt für Aktive. Die vielen Gletschergebiete sind vor allem für Hochtourengeher mit Seil, Pickel und Steigeisen ein beliebtes Ziel. Wer damit nichts am Hut hat, findet aber auch jede Menge Kultur – oft im hintersten Winkel eines Tals, wo man sie am wenigsten vermutet hätte.

OBERLAND
Oberjoch
Schattwald
Vils
Bad Hindelang
199
Grän
Tannheim
Nesselwängle
Balderschwang
Bolsterlang
Fischen im Allgäu
Obermaiselstein
Forchach
Oberstdorf
198
DEUTSCHLAND
Stanzach
Vorderhornbach
Riezlern
Hinter-
hornbach
Hirschegg
Elmen
Mittelberg
Baad
Bschlabs
Häselgehr
Elbigenalp
Boden
200
Holzgau
198
Gramais
Schröcken
Warth
Steeg
Kaisers
Lech
49 km, 1 Std.
198
Schloss Landeck
Zürs
Pettneu am
Arlberg
Sankt Jakob
am Arlberg
Stanz bei
Landeck
Zams
Stuben
Klösterle
S16
Flirsch
Grins
Pians
S16
2 Sankt Anton am Arlberg
Strengen
Landeck
S. 53
See
188
Kappl
Fiss
Serfaus
3 Ischgl
Oberes Gericht
Tösen
Mathon
Partenen
Galtür
Pfunds
188
Samnaun
27
4 Silvretta-
Hochalpenstraße
SCHWEIZ
Nauders
Martina
Tschlin
180
27
Ramosch
Reschen · Resia
Sent
Sur En
ITALIEN
5 km
3.11 mi

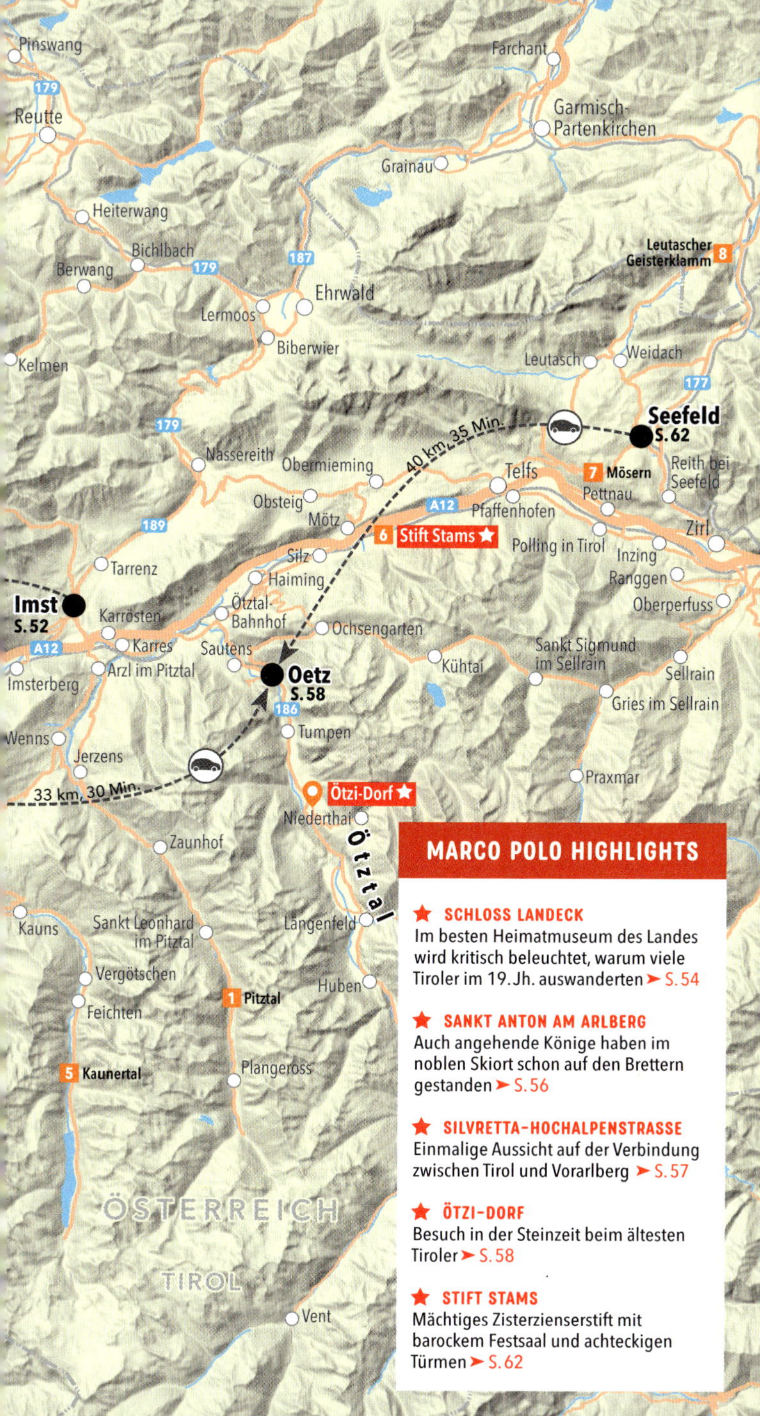
Pinswang
Reutte
179
Farchant
Garmisch-
Partenkirchen
Grainau
Heiterwang
Bichlbach
Berwang
179
187
Ehrwald
Lermoos
Biberwier
Leutascher
Geisterklamm
8
Kelmen
Leutasch
Weidach
177
179
Seefeld
S. 62
40 km, 35 Min.
Nassereith
Obermieming
Telfs
7 Mösern
Reith bei
Seefeld
Obsteig
A12
Pfaffenhofen
Pettnau
Mötz
6 Stift Stams
189
Polling in Tirol
Zirl
Silz
Inzing
Tarrenz
Haiming
Ranggen
Imst
S. 52
Karrösten
Ötztal-
Bahnhof
Oberperfuss
Ochsengarten
A12
Karres
Sautens
Sankt Sigmund
im Sellrain
Arzl im Pitztal
Kühtai
Sellrain
Imsterberg
Oetz
S. 58
Gries im Sellrain
186
Tumpen
Wenns
Jerzens
Praxmar
Ötzi-Dorf
33 km, 30 Min.
Niederthai
Zaunhof
Ötztal
Kauns
Sankt Leonhard
im Pitztal
Längenfeld
Vergötschen
Huben
1 Pitztal
Feichten
5 Kaunertal
Plangeross
ÖSTERREICH
TIROL
Vent
MARCO POLO HIGHLIGHTS
SCHLOSS LANDECK
Im besten Heimatmuseum des Landes wird kritisch beleuchtet, warum viele Tiroler im 19. Jh. auswanderten ➤ S. 54
SANKT ANTON AM ARLBERG
Auch angehende Könige haben im noblen Skiort schon auf den Brettern gestanden ➤ S. 56
SILVRETTA-HOCHALPENSTRASSE
Einmalige Aussicht auf der Verbindung zwischen Tirol und Vorarlberg ➤ S. 57
ÖTZI-DORF
Besuch in der Steinzeit beim ältesten Tiroler ➤ S. 58
STIFT STAMS
Mächtiges Zisterzienserstift mit barockem Festsaal und achteckigen Türmen ➤ S. 62

IMST

(⊞ E4) **Imst (11 000 Ew.) war immer Verkehrsknotenpunkt – wegen der günstigen Lage am Pitztal-Eingang und am Übergang zum Außerfern.**

Die Stadt hat sich in den letzten Jahren zur Metropole des Oberlands mit Shoppingzentren und einem Industrie- und Einkaufsviertel gewandelt. Hermann Gmeiner gründete hier nach dem Zweiten Weltkrieg das erste SOS-Kinderdorf, um Kriegswaisen ein Heim zu geben. 18 historische Brunnen stehen in der Stadt, sie versorgten einst die Bevölkerung mit Wasser.

SIGHTSEEING

HAUS DER FASNACHT

Das wilde und mystische Fasnachtstreiben zwischen Telfs und Nassereith kannst du nur in ausgesuchten Jahren erleben, denn viele der Umzüge finden in einem mehrjährigen Rhythmus statt. In diesem Museum aber siehst du Masken und Fasnachtsfiguren, die sonst nur alle drei bis fünf Jahre beim Imster Schemenlaufen zu bewundern sind. *Fr 16–19 Uhr | Eintritt 5 Euro | Streleweg 6 | hausderfasnacht.at/Museum | ⏲ 45 Min.*

INSIDER-TIPP
Fasnachtstreiben für Ungeduldige

ROSENGARTENSCHLUCHT

Auf 1,5 km geht es über einen Holzsteig und durch Tunnel am wildromantischen Schinderbach entlang. Beeindruckend sind die Felswände, die bis zu 100 m emporragen. Der Einstieg liegt gleich hinter der Johanneskirche. Der Weg führt dich weiter zur Blauen Grotte – ein niedriger, 35 m langer Gang, in dem die Römer Silbererz vermuteten.

KNAPPENWELT GURGLTAL

Im nachgebauten Bergarbeiterdorf aus dem 16. Jh. in Tarrenz wird im Stollen gezeigt, wie früher Blei (zur Gewinnung von Silber) abgebaut wurde. Außerdem: eine Ausstellung zum Leben der Knappen und die unheimliche Geschichte der Heilerin vom Gurgltal. *Mai–Okt., Öffnungszeiten s. Website | Eintritt 8 Euro | Tschirgant 1 | knappenwelt.at | ⏲ 2 Std.*

ESSEN & TRINKEN

HIRSCHEN

Klassisches Tiroler Wirtshaus mit leckerem Menü: Lass dir Lammrückenfilet oder Tiroler Rostbraten schmecken. *Tgl. 11.30–22 Uhr | Thomas-Walch-Str. 3 | Tel. 05412 6901 | hirschen-imst.com | €€*

SPORT & SPASS

Imst ist eine Hochburg österreichischer Weltklassekletterer. Profis und Gäste, die erste Kletterversuche wagen wollen, treffen sich im *Kletterzentrum (Mo–Fr 13.30–22, Sa/So 9.30–20 Uhr | Am Raun 25 | kletterhalle.com)* bei idealen Trainingsbedingungen. Mountainbiker erreichen zahlreiche Ziele, etwa die Untermarkter Alm (1491 m) oder die Latschenhütte (1623 m). *Infos im Verkehrsbüro*

Wer klettern lernen möchte, ist in den Bergen um Imst goldrichtig

ALPINE COASTER IMST
Auf der längsten Sommerrodelbahn der Alpen aus 1500 m Höhe in 12 Minuten über 3,5 km ins Tal sausen – teils 10 m über dem Boden! *Juni–Sept. tgl. 9.30–17 Uhr, sonst eingeschränkt | Lift und Rodelbahn Erw. 19, Kinder 3–5 J. 8, 6–15 J. 14,30 Euro | Hoch Imst 19 | Hochimst | alpine-coaster.at*

RUND UM IMST

1 PITZTAL

5 km / 10 Min. von Imst bis Arzl (Auto)
Der Tourismus in dem 40 km langen Tal kam lange nicht in Gang. Vor allem im vorderen Teil, in den Orten *Arzl* (3200 Ew.) und *Wenns* (2000 Ew.), ist die Ursprünglichkeit bis heute erhalten. Weiter hinten, in *Jerzens* und *Sankt Leonhard,* regieren hingegen Massentourismus und Bettenburgen. Sehenswert ist das *Platzhaus (Matthäus-Vischer-Platz 35)* in Wenns: Das ehemalige Richterhaus aus dem 16. Jh. wurde mit biblischen Szenen bemalt. In Sankt Leonhard bringen dich die Pitzexpress-Bahn und die Panoramabahn auf den *Hinteren Brunnenkogel,* den höchsten Punkt, den du in Österreich per Seilbahn erreichen kannst (3340 m). *E–F 5–7*

LANDECK & DAS OBERE GERICHT

(C–D 5–7) **Bloß nicht vom Zoll erwischen lassen, hieß es früher im Oberen Gericht. Die Einheimischen**

schmuggelten aus Samnaun in der benachbarten Schweiz gerne Lebensmittel, besonders Zucker.
Der Name Oberes Gericht bezeichnet das Inntal zwischen der Schweizer Grenze und Landeck (7800 Ew.). Landeck ist von Westen her kommend die erste große Stadt im Inntal, mit schönem Stadtkern samt freskengeschmückten Bürgerhäusern. Hier lässt es sich gut einkaufen, touristisch bedeutender aber sind Fiss und Serfaus am Sonnenplateau und das Kaunertal.

SIGHTSEEING

SCHLOSS LANDECK ★

Das Schloss aus dem 13. Jh. beherbergt eines der besten Heimatmuseen des Landes. Neben Ausstellungsstücken, die das Leben in der Region beleuchten, wird hier kritisch mit der Vergangenheit umgegangen. Beispielsweise wird beleuchtet, warum im 19. Jh. viele Menschen Tirol verlassen mussten und welch zwielichtige Rolle die Heimatgemeinden der Auswanderer spielten. *Ende April–Ende Okt. tgl. 10–17, Mitte Dez.–6. Jan. 13–17 Uhr | Eintritt 8 Euro | Schlossweg 2 | schlosslandeck.at | 1–2 Std. |* *D5*

FLIESS

Der in 1073 m Höhe gelegene Ort (3100 Ew.) hat einige Schätze zu bieten: Das *Archäologische Museum (Mai–Okt. Di–So 14–17 Uhr | Eintritt 8 Euro | Fließ 89 | museum.fliess.at | 1 Std.)* gegenüber dem modernen *Dokumentationszentrum Via Claudia Augusta* zeigt Artefakte aus der Bronze- und Eisenzeit. Hinter dem Torbogen steht die gotische *Pfarrkirche Mariä Himmelfahrt* (auch: Maaßkirche). Über ein paar Stufen im Inneren gelangst du in die Krypta, wo du die gut

Da kann man nicht meckern: Ziegenweide vor Schloss Landeck

erhaltenen Reste einer Kapelle aus dem 6. Jh. bestaunen kannst. D5

NATURPARKHAUS KAUNERGRAT

Über eine kurvenreiche Straße geht es hinauf zum Naturparkhaus, das dir die Tier- und Pflanzenwelt des 550 km² großen, gleichnamigen Naturparks näherbringt. Das architektonisch moderne Naturparkhaus war das erste seiner Art in Tirol. Auch wenn du dir die Ausstellung nicht anschaust, besuch unbedingt die Terrasse. Der „Gache Blick" ist berühmt für die Aussicht auf gleich drei Täler: Inntal, Kaunertal und Pitztal. Übrigens, „gach" (sprich: gaach) bedeutet schnell. *Tgl. 10–17 Uhr | Eintritt Ausstellung 4 Euro | Gachenblick 100 | Fließ | kaunergrat.at* | *1 Std.* | D5

INSIDER-TIPP
Drei Täler auf einen Blick

SERFAUS-FISS-LADIS

Die drei wichtigsten Tourismusorte der Region liegen auf dem Sonnenplateau. Ladis (600 Ew.) ist das ursprünglichste Dorf, viele der Häuser sind mit schönen Fassadenmalereien verziert. Außerdem punktet der Ort mit der *Burg Laudeck (keine Besichtigung möglich)* aus dem 13. Jh. und dem frei zugänglichen *Sauerbrunn* – seit 1212 wird dem prickelnden, schwefelhaltigen Wasser heilende Wirkung nachgesagt. Serfaus (1200 Ew.) ist fast autofrei, denn hier fährt Österreichs zweite U-Bahn (nach Wien) und transportiert Skifahrer. Adrenalinjunkies freuen sich auf den *Sommerfunpark Fiss (Juni–Okt. tgl. 8.30–17 Uhr | bei der Talstation der blauen Gondelbahn | serfaus-fiss-ladis.at).* D6

ESSEN & TRINKEN

POSTGASTHOF GEMSE

Saisonal geprägt im ältesten Gebäude von Zams: im Frühjahr Spargel, im Sommer Pilze und Beeren, im Herbst Wild, im Winter das Tiroler Berglamm – vieles aus eigener Landwirtschaft. *Fr–Di ab 11.30 Uhr | Hauptplatz 1 | Tel. 05442 6 24 78 | postgasthofgemse.at* | €€

FEUER UND FLAMME

Gegrillt wird hier direkt am Tisch. Jeden Tag gibt es eine andere Tiroler Spezialität. Authentisch im Tiroler Stubenstil, die Gerichte sind modern, sogar eine eigene Weinlinie. *Do–Mo ab 16 Uhr | Grunesweg 14 | Ladis | Tel. 05472 2 20 55 | ladizium.at* | €€–€€€

GASTHOF BERGHOF

Mehrfach ausgezeichnete Küche mit Blick auf die Berge, in der alte Rezepte (z. B. Schledernocken) neu belebt werden. Für Nichthotelgäste nur Donnerstag und Sonntag geöffnet. *Greit 364 | Pfunds | Tel. 05474 52 54 | berghof-pfunds.com* | €€

SHOPPEN

BRENNEREIDORF STANZ

Der kleine Ort auf der Sonnenterrasse über Landeck hat 54 Schnapsbrennereien *(brennereidorf.at).* Mehrfach ausgezeichnet ist die *Feindestillerie Kössler (nach tel. Anmeldung | Stanz 57 | Tel. 05442 6 12 00 | edelbraendetirol.at).* Hier kannst du die edlen Brände probieren und kaufen und die Brennerei besichtigen. D5

Highway in den Himmel – 34 Kehren warten auf der Silvretta-Hochalpenstraße

SPORT & SPASS

35 Touren gibt es für Mountainbiker von Landeck bis zum Reschenpass, etwa die *Kuhalmrunde* bei Fiss (20 km, mittelschwer) oder die alte *Schmugglerroute* (55 km, schwer). In Serfaus-Fiss-Ladis nimmt die Gondel das Bike mit. Zum Wandern lädt vor allem das *Sonnenplateau* ein, etwa vom Fisser Joch *(Schönjochbahn)* über den Spinnseerundweg oder vom Lazid *(Komperdellbahn)* über den Murmeltierrundweg. *Infos in den Verkehrsbüros*

LOCHPUTZKLAMM

Auf der einstündigen Wanderung durch die Klamm in Zams gibt es viel zu erleben: einen 30 m hohen Wasserfall, eine 40 m hohe Fontäne und einen 80 m langen Tunnel im Fels. *Juni–Mitte Sept. tgl., Mitte Sept.–Okt. Do–So 10–17 Uhr | Eintritt Erw. 5, Kinder 7–15 J. 4 Euro, Abendwanderungen (Sommer/Winter Mi) Erw. 3,50, Kinder 7–15 J. 2,50 Euro | zammer-lochputz.at |* *D5*

RUND UM LANDECK & DAS OBERE GERICHT

2 SANKT ANTON AM ARLBERG ★

25 km / 25 Min. von Landeck (Auto)

Sankt Anton (2400 Ew.), in 1300 m Höhe gelegen, hat sich dem edlen Tourismus verschrieben – auch die britische Königsfamilie war schon hier zum Skifahren. Kein Wunder, schließlich ist das variantenreiche Skigebiet eins der besten in Tirol. Die *Galzigbahn* ist eine der modernsten Seilbahnen Österreichs, zum ultimativen Bergblick fährt die *Vallugabahn* bis auf 2809 m. Trotz vieler Touristen im Winter hat der Ort seinen dörflichen Charme bewahrt, protziges Après-Ski gibt es hier kaum. Wer auf Livemusik steht, ist abends in der *Murrmel Bar*

(*tgl. 12–3 Uhr | Dorfstr. 64 | murrmel.at*) bestens aufgehoben. Im Sommer ist die Gegend ein Wanderparadies, zum Beispiel im nahe gelegenen, autofreien *Verwalltal* mit Sagenweg und glitzerndem Bergsee. Für Action sorgen Mountainbiketouren oder bei Regen das Sportzentrum ☂ *Arlpark (arlpark.com)*. *B5*

3 ISCHGL

30 km/40 Min. von Landeck (Auto)

Bekannt als „Ballermann der Alpen", lässt Ischgl keine Partywünsche offen. Allerdings bemüht man sich um ein seriöseres Image, und das Skigebiet gilt auch bei Einheimischen als eines der besten Tirols. Auf der *Idalpe* (2320 m) geben sich Anfang und Ende der Saison die Popstars ein Stelldichein, sogar Elton John war schon da. Abseits der Diskomeilen findest du Erholung in der riesigen *Silvretta-Therme (tgl. 10–23 Uhr | Tageskarte ab 54,10 Euro | Brandweg 2 | silvrettatherme.at)*. Drei-Hauben-Koch Martin Sieberer vom besten Restaurant des Oberlands, der *Paznaunerstube (im Winter Mo–Sa 19–21 Uhr, im Sommer auf Anfrage | Dorfstr. 95 | Tel. 05444 6 00 | trofana.at | €€€)*, ist bekannt für sein butterweiches Paznauner Schafl oder Wild aus eigener Jagd. Wer mit zwei Hauben auch zufrieden ist, kann ins Restaurant *Heimatbühne (tgl.)* im selben Haus gehen. *B6*

4 SILVRETTA-HOCHALPENSTRASSE ★

38 km/45 Min. von Landeck (Auto)

In Galtür kommt man auf die Silvretta-Hochalpenstraße, die Tirol mit dem Vorarlberger Montafon verbindet – 34 Kehren inklusive. Auf der Bielerhöhe liegt der *Silvrettasee* (2032 m), der einzige See Europas auf über 2000 m, auf dem ein Motorschiff fährt. *A7*

5 KAUNERTAL

12 km/15 Min. von Landeck (Auto)

Einige Kilometer hinter Landeck zweigt bei Prutz das Tal ab, das zum zweitgrößten Gletscher Österreichs führt: dem *Gepatschferner*. Hin kommst du am Ende des Tals über die *Kaunertaler Gletscherstraße (Maut 28 Euro)* über 26 km und 29 Kehren am malerischen Gepatschspeichersee vorbei. Am Anfang des Kaunertals führt dich der Weg an *Willis Fischerranch (April–Juni, Sept., Okt. Mi–So, Juli–Aug. tgl. 11.30–20 Uhr | Kaunertalstr. 1 | Tel. 05472 2 03 97 | fischerranch.info | €)* vorbei. In einem der Teiche vor der urigen Blockhütte kannst du dir den Fisch aussuchen,

INSIDER-TIPP
Vom Teich auf den Teller

der eigens für dich gefangen und zubereitet wird – frischer geht's nicht. Beeindruckend ist die *Burg Berneck (nur mit Führung | Anmeldung Tel. 0699 11 03 59 23 | Eintritt 9 Euro | Kauns | burg-berneck.at | ca. 1 Std.)*, die schönste gotische Wohnburg Tirols aus dem 12. Jh., die 130 m über dem Faggenbach den Weg über den Pillersattel ins Pitztal bewacht. Hier wohnte Kaiser Maximilian I., wenn er in der Region auf der Jagd war. *D–E 6–7*

OETZ & DAS ÖTZTAL

(F5–7) **Ötzis Heimat könnte widersprüchlicher kaum sein: Im ruhigen Hauptort Oetz haben sich ein alter Ortskern und dörfliches Leben erhalten, während Sölden ganz auf ausgehfreudiges Publikum setzt.**
In Tirols längstem Seitental des Inns, inmitten der Ötztaler Alpen, liegt auch der höchste Berg Tirols: die *Wildspitze* (3768 m). Das Ötztal ist niederschlagsarm, sein Klima mild, und mit mehr als 225 Dreitausendern bietet es alles, was Bergfans begehren.

SIGHTSEEING

OETZER DORFKERN

Das Ortszentrum ist in seiner Ursprünglichkeit erhalten geblieben, Lüftlmalerei ziert viele Häuser. Besonders schön ist die 300 Jahre alte Stube im *Gasthof Stern (12 Zi. | Kirchweg 6 | Tel. 05252 63 23 | gasthof-zum-stern.at | €)* von 1611, dem alten Gerichtssitz. Sehen und genießen kann man das aber nur als Hausgast. Die Straße führt hinauf zur spätgotischen *Pfarrkirche zum hl. Georg und Nikolaus* mit schönen Deckenfresken und sagenhaftem Blick übers halbe Ötztal. *F5*

TURMMUSEUM

Der Turm im Oetzer Dorfkern war im Mittelalter Wohnsitz einer Adelsfamilie, ab dem 17. Jh. ein Verwaltungssitz des Klosters Frauenchiemsee in Bayern. Heute beherbergt er eines der schönsten Museen Tirols. Unter den Gemälden findest du echte Schmuckstücke. Im Café gibt es selbst gebackenen Kuchen. *Anfang Juni–Ende Okt. Mi–So, Mitte Dez.–Ostern Do–So 14–18 Uhr | Eintritt frei | Schulweg 2 | turmmuseum.at | ca. 45 Min. | F5*

PIBURGER SEE

Der Bergsee (913 m) liegt malerisch im Wald in einer Senke, die durch eine Naturkatastrophe entstand: Nach der letzten Eiszeit staute ein Felssturz das Wasser in dem kleinen Tal. Es wird im Sommer bis zu 24 Grad warm, im Süden gibt's ein gemütliches Strandbad. *F5*

ÖTZI-DORF ★

Werkzeuge, Waffen, Wohnen: In diesem Freilichtmuseum erfährst du, wie der berühmte Ötzi (s. S. 22) gelebt hat, und kannst dich selbst im Bogenschießen üben und in Steinzeithütten schlüpfen. *Mai–Sept. tgl. 9.30–17.30, Okt. bis 17 Uhr | Eintritt 11 Euro, Führungen gratis | Umhausen | oetzi-dorf.at | ca. 1 Std. | F5*

So lebte es sich in der Steinzeit: Alltagsszenen aus dem Ötzi-Dorf

STUIBENFALL

Gleich hinter dem Ötzi-Dorf führt der Weg – teils steil – aufwärts zum größten Wasserfall Tirols, dem 156 m hohen Stuibenfall. Entstanden ist er vor 9000 Jahren durch einen Felssturz. Seither stürzen bis zu 2000 l Wasser pro Sekunde in die Tiefe. Geh bis zur obersten Plattform (ca. 2 Std.), der Blick lohnt sich. Ein tolles Erlebnis für Kinder ab 6 Jahren sind die Laternenwanderungen zum Wasserfall *(Juni–Okt. Mi 19.30, Dez.–April 18.30 Uhr ab Umhausen | Erw. 10 Euro, Kinder bis 14 J. frei | ca. 2 Std. | Anmeldung auf oetztal.com/erlebnisse, s. „Wandern & Bergsteigen“).* F5

INSIDER-TIPP
Laterne, Laterne ...

LÄNGENFELD

Der ruhige Luftkurort Längenfeld (4800 Ew.) ist der größte Ort des Tals. Im *Ötztaler Heimat- und Freilichtmuseum (Juni–Sept. Mo–Fr 10–17, So 14–17, Mai, Okt. Di, Do 10–16 Uhr | Eintritt frei | Lehn 24 | oetztalermuseen.at | 1–2 Std.)* sind ein Wohn- und mehrere Wirtschaftsgebäude zu besichtigen, die dir einen Eindruck davon vermitteln, wie schwer das Leben im Ötztal für die Bauern früher war. Noch bis in die 1950er-Jahre mussten sie in dieser Gegend vom Flachsanbau leben. F6

INSIDER-TIPP
Gute alte Zeit?

SÖLDEN

Der Tiroler Tourismus hatte hier eine seiner Keimzellen: Vor 150 Jahren gab es gerade einmal fünf Gasthäuser, heute findet man kaum ein Haus ohne Zimmervermietung. Mit der Erschließung der Gletscher wurde der Winter die wichtigste Saison, doch

Dieser Ausblick raubt selbst James Bond den Atem: Panoramarestaurant Ice Q

mittlerweile tut sich auch im Sommer einiges auf den vielen Wanderwegen und Klettersteigen.

Du solltest auf jeden Fall eine Fahrt mit der Gondel auf den *Gaislachkogl (im Sommer tgl. 8.30–16.50 Uhr | Talstation Dorfstr. 115 | 46,50 Euro für Berg- und Talfahrt)* unternehmen. Selbst James Bond beeindruckte der Blick aus dem Panoramarestaurant *Ice Q (tgl. 9–16 Uhr | neben der Bergstation | Tel. 0664 9 60 93 68 | iceq.at | €€)*, das im 007-Thriller „Spectre" zur Nobelklinik mutierte. Wer sich auf die Spuren des berühmten Agenten begeben möchte, auf den wartet in luftiger Höhe auch *007 Elements (Ende Okt.–Anfang Mai, Juni–Sept. tgl. 9–15.30 Uhr | Eintritt 24 Euro, Kombiticket mit Bahn 59 Euro | 007elements.soelden.com | 1 ½ Std.)*, eine interaktive, spannende James-Bond-Erlebniswelt (nicht beheizt, warme Kleidung und gute Schuhe empfohlen). *F7*

ROFENHÖFE

Besser als im hintersten Winkel des Ötztals kann man sich in Tirol nicht verstecken. Das wusste im 15. Jh. auch Herzog Friedrich, der Zuflucht suchte, weil er den falschen Papst unterstützt hatte. Heute sind die Rofenhöfe auf 2014 m die höchstgelegenen ständig bewirtschafteten Höfe der Ostalpen. Man kommt mit dem Auto hin, aber schöner geht es über den *Kunstweg von Vent (Juni–Sept. | vent.at/kunstweg)*. In einer guten halben Stunde wanderst du vorbei an Land Art, am nachgebauten Lager eines Steinzeitjägers und über eine spektakuläre Hängebrücke. Der Weg

INSIDER-TIPP
Kunstvoller Weg zur höchsten Siedlung

beginnt am Ortsende von Vent bei der Brücke über den Nederbach. F8

ESSEN & TRINKEN

ÖTZTALER STUBE

In dem mit einer „ewigen Haube" ausgezeichneten Restaurant wirst du mit erlesenen internationalen Gerichten und feinen Speisen nach Tiroler Rezepten verwöhnt. *Im Sommer an ausgewählten Tagen, im Winter Do–So ab 19 Uhr | im Central Spa Hotel | Auweg 3 | Sölden | Tel. 05254 22 60 | central-soelden.com | €€€*

TÖRGGELE STUB'N

Seit über 20 Jahren kredenzt Familie Gander in ihren drei Lokalen *Törggele Stub'n, Die Alm* und *Genusslounge* Tiroler Spezialitäten. Zur Jagdsaison ist die Küche berühmt für ihre exzellenten Wildgerichte. *Törggele Stub'n Sommer Mo, Mi 11.30–21, Do–So bis 22, Winter Mi–Mo 11.30–22 Uhr | Achweg 1 | Sölden | Tel. 05254 35 35 | die3guatn.restaurant | €€*

SPORT & SPASS

AREA 47

Die Liste der Superlative ist lang in diesem Outdoorpark am 47. Breitengrad: Hier findest du mit fast 30 m Höhe Österreichs höchsten Sprungturm, die steilsten Wasserrutschen und einige der höchsten Kletterwände. Auf mehr als 60 000 m² kann man 35 verschiedene Sportarten ausprobieren – unter anderem Bungee Jumping –, im Flying Fox über das Gelände schweben oder durch die Luft geschossen werden, zu ebenfalls sportlichen Preisen *(Beispiele: Flying Fox 26, Rafting ab 72, Hochseilgarten 43, Kletterwand Tageskarte 8 Euro)*. Übernachten kannst du in gemütlichen Blockhütten oder in einer der 17 Lodges *(ab 73 Euro). Ende April–Anfang Okt. tgl. 8.30–18 Uhr, Indoor-Bikepark ganzjährig Mo–Fr | Ötz-*

AM PASS DES DONNERS

Stell dir vor: einen großen, wohlgefüllten Wanderrucksack, der 20 kg wiegt. Jetzt stell in Gedanken drei weitere solcher Rucksäcke neben den ersten – und du hast ungefähr das Gewicht, das ein einziger Ötztaler Kraxenträger im Mittelalter über das Timmelsjoch schleppte. Es war schon immer viel los auf dem rund 2500 m hohen Übergang, der heute Österreich von Italien trennt bzw. das Ötztal mit dem Passeiertal verbindet: Hirten, Händler, Schmuggler, Wanderer stapf(t)en seit der Steinzeit durch die Kerbe ohne Eis und Schnee. Die befestigte Straße zum Passo Rombo, zum „Pass des Donners", wie er auf Italienisch heißt, gibt es erst seit 1968. Sie ist legendär, besonders bei Freizeitbikern. Und nicht nur die machen große Augen im *Top Mountain Motorcycle Museum (tgl. 10–17.30 Uhr | Eintritt 15 Euro | crosspoint.tirol)*, Europas höchstgelegenem Motorradmuseum mit mehr als 450 Exponaten.

taler Achstr. 1 | Ötztal Bahnhof | Tel. 05266 876 76 | area47.at

MOUNTAINBIKEN

Der *Ötztal-Mountainbike-Trail* führt über 135 km und 3000 Höhenmeter vom Talanfang bis zum Gletscher, ist in Etappen fahrbar und bietet alle Schwierigkeitsgrade *(Karten in allen Tourismusbüros)*. Insgesamt gibt es rund 850 km Strecken und Trails.

WASSERCRAFT

Gemütliche Familientour auf dem Inn, Wildwasserrafting oder Canyoning. *Ambach 29 | Oetz | Tel. 05252 67 21 | rafting-oetztal.at*

WELLNESS

AQUA DOME

Das Heilwasser in der modernsten Therme Österreichs sprudelt aus 1800 m Tiefe an die Oberfläche – versetzt mit Natrium, Sulfid, Chlorid und Schwefel. Sauna, Dampfbäder, Toparchitektur: Die Schwimmbecken sind auf Stelzen gebaut. *Tgl. 9–23 Uhr | Eintritt 35 Euro/3 Std., Sauna 18 Euro extra | Oberlängenfeld 140 | Längenfeld | Tel. 05253 64 00 | aqua-dome.at*

AUSGEHEN & FEIERN

OILERS69

Die ehemalige Tankstelle ist ein In-Treff im Oberland. Auf der Straße grüßt ein Skelett aus einem verrosteten Pick-up. Drinnen erinnert die Bar an eine Raststätte an der Route 66 in den 1950er-Jahren.

Dorthin zieht es die Betreiber wahrscheinlich auch während der Winterpause (Ende Okt.–Ende April). *Di–Fr 17–22, Sa 11–22, So 11–17 Uhr | Bundesstr. 9 | Haiming | oilers69.com*

RUND UM OETZ & DAS ÖTZTAL

6 STIFT STAMS ★

18 km / 15 Min. von Oetz (Auto)

Mächtig thront das barocke Stift mit den zwei achteckigen Türmen (1273) über dem Inntal. Bis ins 16. Jh. wurden hier die Tiroler Landesfürsten zu Grabe getragen. Mittelpunkt der Anlage ist die Stiftskirche mit dem Rosengitter von der Vorhalle zur Heilig-Blut-Kapelle. Auch sehenswert sind der Bernardisaal, ein barocker Festsaal, und das Museum mit wechselnden Ausstellungen. *Führungen Okt.–Mai Do um 16 Uhr auf Anfrage, Juni–Sept. Mo–Sa 9.30–11 und 13–16, So 13–16 Uhr, Treffpunkt im Klosterladen in der Orangerie (13,50 Euro mit Museumsbesuch) | Stiftshof 1 | Tel. 05263 62 42 | stiftstams.at | 1 ½ Std. | F4*

SEEFELD

(G4) **Malerisch eingerahmt von der Hohen Munde und dem Karwendel liegt Seefeld (3600 Ew.).**

Vor allem der Bau der Karwendelbahn von Innsbruck nach Mittenwald verhalf dem ehemaligen Wallfahrtsort zu seiner heutigen Bedeutung als Tourismushochburg. Auch auf zwei Weltmeisterschaften in der Nordischen Kombination kann das Dorf inzwischen zurückblicken. Heute dominieren Hotels im Tiroler Stil den kleinen Ort. Seefeld ist mit rund 280 km gespurten Loipen, 650 km Wanderwegen und 570 km Radwegen ein Paradies für Langläufer und Wanderer, Genussradler und Mountainbiker – sommers wie winters. Auf Skifahrer und Snowboarder warten zwei kleinere Skigebiete.

SIGHTSEEING

PFARRKIRCHE SANKT OSWALD

Der Sage nach wollte der Ritter Oswald Milser während einer Messe eine größere Hostie als das gemeine Volk. Diese färbte sich daraufhin blutrot und er versank im Boden. Das Tympanonrelief entlang des Hauptportals der spätgotischen Kirche im Zentrum von Seefeld erzählt die Geschichte dieses Hostienwunders, das den Ort im Mittelalter zu einem Wallfahrtsziel machte. Von der Kirche aus führt der Kreuzweg auf den Pfarrhügel.

SEEKIRCHL

Die achteckige Barockkirche (1629–66) stand einst inmitten eines Sees, der heute trockengelegt ist. Das Kreuz auf dem Hochaltar war einst ein altes Wegkreuz. Ein romantischer Ort, an dem gern geheiratet wird. *Mai–Okt. tgl. 8–18 Uhr*

Ehrfürchtig geht der Blick nach oben in die barocke Pracht der Stiftskirche Stams

ESSEN & TRINKEN

STRANDPERLE

Gute internationale Küche auf einem Steg, der in den romantischen Seefelder Wildsee hineinragt. *Dez.–Okt. tgl. 10–22 Uhr | Innsbrucker Str. 500 | Tel. 0521 29 03 00 | restaurant-seefeld.at | €€*

TRIENDLSÄGE

In dem urigen Restaurant werden schmackhafte Tiroler Speisen serviert. Nach dem Essen kann man sich zudem die Schausäge erklären lassen. *Mo 9–17, Do–So 9–22 Uhr | Triendlsäge 259 | Tel. 05212 25 80 | triendl saege.at | €€*

SPORT & SPASS

ALPENPARK KARWENDEL

Mit 730 km² ist der Alpenpark eines der größten Naturschutzgebiete der Ostalpen. Er erstreckt sich von der Seefelder Senke bis zum Achensee.

In *Scharnitz* (10 km von Seefeld) findest du ein *Informationszentrum (saisonal unterschiedl. Öffnungszeiten | Hinterautalstraße 555b | Tel. 050 88 05 40)* und ein *Museum (⏲ 1 Std.)* über die oft gefährliche Holzgewinnung im Karwendel. Vom Zentrum aus kannst du auf malerischem Weg zum Isarursprung wandern (etwa 2 ½ Std.). Außerdem gibt es verschiedene Naturführungen mit Naturpark-Rangern jede Woche im Sommer, und auch Mountainbiker finden Infos zu Touren auf *karwendel.org*.

Den *Fischteich in der Leutasch (Ende März–Anfang Nov. Di–So 7–19 Uhr, Eisfischen Ende Dez.–Ende Feb. an den Wochenenden | Am Weidachsee 289 | Tel. 05214 61 41 | gebirgsforelle.at)* gibt es schon seit über 500 Jahren, die Forellen darin sind aber selbstverständlich immer frisch. Auch ohne Fischereischein kann man dort die Angelrute ins Wasser halten. Im Winter können passionierte Angler sogar zum Eisfischen kommen, die Löcher bohrt das Personal in die Eisdecke. Wer lieber isst als fischt, bekommt Forellen und Saiblinge im angeschlossenen Laden.

Die Friedensglocke in Mösern ist auf einem Wanderweg zu erreichen

WELLNESS

SPORT- UND KONGRESSZENTRUM

Großes Schwimmbad und wunderschöne Saunalandschaft. Im Keller findest du ein modernes THX-Kino mit 140 Sitzen. *Öffnungszeiten s. Website | Tageskarte 22,50 Euro | Klosterstr. 600 | Tel. 05212 32 20 | seefeld-sports.at*

AUSGEHEN & FEIERN

BRITANNIA PUB

Wer nach einem Tag auf der Piste oder der Loipe noch nicht müde ist, kann sich hier bei Billard, Tischfußball und Darts vergnügen und Cocktails schlürfen. *Tgl. 14–2 Uhr | Hotel Kaltschmid | Olympiastr. 101*

FLEDERMAUS

Ein Klassiker in Seefeld: abends eine Cocktailbar, in der auch hochgelobte Karaoke-Veranstaltungen stattfinden. Viele Einheimische treffen sich hier. *Zur Winter- und Sommersaison tgl. 18–2 Uhr | Bahnhofstr. 242*

RUND UM SEEFELD

7 MÖSERN

5 km/ca. 1 Std. von Seefeld (zu Fuß)

Der kleine Ort (300 Ew.) ist eine der schönsten Aussichtsplattformen Tirols. Kurz vor der Ortsausfahrt auf der linken Seite steht die größte Glocke des Landes – sie läutet täglich um 17 Uhr. Man gelangt zu ihr auf dem *Friedensglockenwanderweg (ca. 1 ½ Std. | friedensglocke.at),* der bei der Seewald-Alm zwischen Seefeld und Mösern beginnt. *G4*

8 LEUTASCHER GEISTERKLAMM

15 km/20 Min. von Seefeld (Auto)

Der etwa einstündige Spaziergang durch die Klamm ist ein einmaliges Naturerlebnis: Links und rechts ragen schroffe Felswände in die Höhe, 43 m unter deinen Füßen tost die Leutascher Ache dahin. Kinder erkunden mit verschiedenen Klanginstrumenten die Geheimnisse des mysteriösen Klammgeists, der einer Sage nach hier wohnen soll. Der Umweg zum Wasserfall lohnt sich. Aber festes Schuhwerk nicht vergessen! *Wasserfallsteig 3 Euro, ansonsten frei begehbar | Parkplatz 5 Euro | leutaschklamm.com | G3*

SCHÖNER SCHLAFEN IM OBERLAND

MITTEN IN DER NATUR UND GANZ VORN DABEI

Eine wahre Oase ist das *Naturhotel Waldklause (55 Zi. | Unterlängenfeld 190 | Längenfeld | Tel. 05253 54 55 | waldklause.at | €€€):* eingebettet in die Natur, in schönem Design und von einem Internetportal zu einem der 25 besten Hotels weltweit gewählt. Mit großem Wellnessbereich innen und außen.

INNSBRUCK & UMGEBUNG

URBANER CHARME UND MARKANTE BERGWELT

Einst wählte Kaiser Maximilian I. die Region rund um Innsbruck als Zentrum, um von dort aus sein riesiges Weltreich zu regieren. Heute ist sie nach wie vor der kulturelle Mittelpunkt Tirols.

GPS-Geräte gab es vor 500 Jahren noch keine. Da musste schon ein weißer Hirsch her, um den Kaiser wieder auf den richtigen Pfad zu führen: Maximilian war ein begeisterter Jäger und hatte sich eines Tages in der Martinswand der schroffen Nordkette verstiegen, als

Bunt vor den Bergen: hübsch restaurierte Altstadthäuser am Innufer

ihm der tierische Guide den rechten Weg wies. Keine Legende, sondern Tatsache ist, dass der Kaiser die Berge rund um Innsbruck, den mächtigen Patscherkofel im Süden, den Hausberg Innsbrucks, und auch das Stubaital liebte. Heute würde er sich vielleicht sogar all den Skifahrern, Mountainbikern und Kletterern anschließen und wie sie die Nordkette und die Stubaier Alpen als Tummelplatz nutzen.

INNSBRUCK & UMGEBUNG

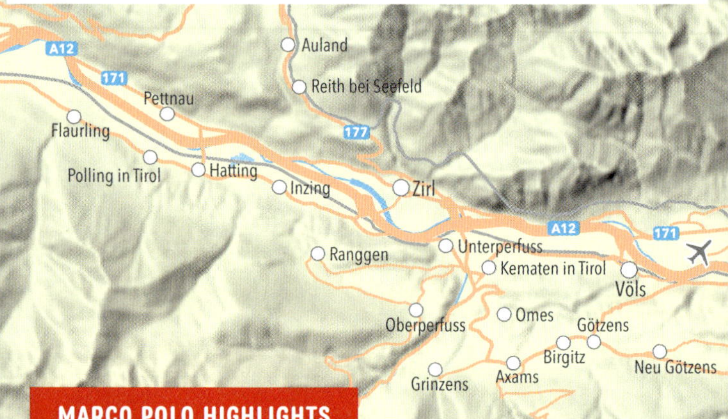

MARCO POLO HIGHLIGHTS

★ **GOLDENES DACHL**
Auf dem Prunkerker, dem Wahrzeichen Innsbrucks, glänzen 2657 vergoldete Schindeln ➤ S. 70

★ **HOFKIRCHE**
Riesige schwarze Bronzefiguren bewachen das Kaisergrab ➤ S. 72

★ **BERGISEL-STADION**
Imposantes Überbleibsel der Olympischen Winterspiele ➤ S. 75

★ **NORDKETTE**
Phantastischer Panoramablick von ganz oben über die Stadt und ihre Sehenswürdigkeiten ➤ S. 76

★ **SCHLOSS AMBRAS**
Renaissanceschloss mit einmaliger Waffen- und Kuriositätensammlung ➤ S. 77

★ **ALTSTADT HALL**
Kopfsteinpflaster, enge Gassen und sympathische Lädchen: Mittelaltercharme in Hall ➤ S. 83

★ **SWAROVSKI KRISTALLWELTEN**
Der berühmte Künstler André Heller schuf mit Hilfe vieler anderer Kreativer ein Universum aus Kristall ➤ S. 85

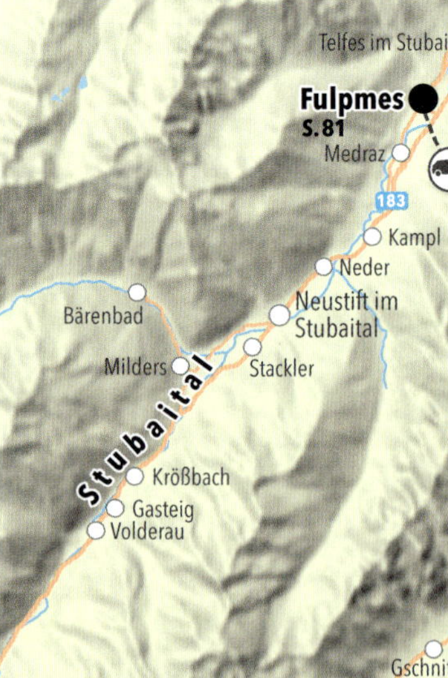

6 Hinterhornalm
19 km, 25 Min.
Terfens
Gnadenwald
Nordkette
171
Fritzens
Weer
Baumkirchen
Kolsass
Absam
Thaur
Wattens
7 Swarovski Kristallwelten
Altstadt
Mils
Rum
Volders
Hall
S. 83
Kolsassberg
Hofkirche
171
A12
Volderwald
Kleinvolderberg
Wattenberg
Goldenes Dachl
Innsbruck
S. 70
Ampass
Großvolderberg
Tulfes
Schloss Ambras
Aldrans
Rinn
Bergisel-Stadion
8 Kugelwald am Glungezer
Lans
Sistrans
1 Igls
Patsch
TIROL
182
Schönberg im Stubaital
A13
Innerellbögen
Gedeir
37 km, 45 Min.
Wiesengrund
Pfons
Mühlbachl
Navis
2 Matrei am Brenner
16 km, 20 Min.
Kopfers
Statz
Mauern
Steinach am Brenner
3 BBT Infocenter Tunnelwelten
Trins
Schmirn
182
Galtschein
Stafflach
St. Jodok am Brenner
4 Vals
Gries am Brenner
A13
5 Obernberg am Brenner
4 km
2.48 mi
Brenner - Brennero

Es brummt in der Region, und dafür gibt es genug Gründe. Mehrere Millionen Touristen sorgen jährlich dafür, dass es in Innsbruck und Umgebung immer heiß hergeht. Ihnen gegenüber hatte Kaiser Maximilian I. einen Vorteil: Er musste kein Geld mitbringen, es war schon da. Denn zu seiner Zeit wurden die Münzen im nahe gelegenen Hall geprägt, neben der prächtigen Natur ebenfalls ein guter Grund, in Innsbruck zu residieren. Noch heute ist die Region das munter schlagende kulturelle Herz des Bundeslands, mit junger Atmosphäre, zahlreichen Events und den schönsten Museen des Landes.

INNSBRUCK

(▯ H–J4) **Die Landeshauptstadt (132 000 Ew.), umrahmt von einer beeindruckenden Bergkulisse, teilt Tirol in Ober- und Unterinntal.**

WOHIN ZUERST?

Das Zentrum, um das sich alles dreht, ist das **Goldene Dachl** *(▯ c3)* in der Altstadt (Tramlinien 1, 2, 3, 5, STB; Busse A, C, J, M, TS: z. B. Maria-Theresien-Straße). Hier findest du Sehenswürdigkeiten und Museen, Restaurants und Hotels. Reise am besten mit den Öffis an (mit Gästekarte gratis), ansonsten empfehlen sich die zentralen Tiefgaragen: Markthalle, Rathaus, Congress.

Innsbruck muss man meist durchqueren oder wenigstens daran vorbei, wenn man durch Tirol will. Das machte die Stadt schon im Mittelalter zu einem bedeutenden Marktplatz. Viele Spuren von damals sind in den Gassen der Innsbrucker Altstadt zu entdecken.

In neuerer Zeit wurde Innsbruck bekannt durch die Olympischen Winterspiele von 1964 und 1976 sowie die ersten Olympischen Jugend-Winterspiele 2012. Die Sportstätten werden immer noch genutzt, die eindrucksvollste ist die Sprungschanze am Bergisel: Sie strahlt nachts in verschiedenen Farben.

Heute machen die 34 000 Studierenden der Universität die Stadt zu einer multikulturellen Metropole. Sie bevölkern die zahlreichen Cafés in den malerischen Laubengängen der Altstadt und die Bars bis in die Nacht.

SIGHTSEEING

GOLDENES DACHL ★

Glänzender Auftritt für Innsbrucks Wahrzeichen: Das Dach des prächtigen Erkers weist 2657 vergoldete Kupferschindeln auf. Maximilian I. hatte sich die kaiserliche Loge um 1500 bauen lassen, um bei Turnieren und Spielfesten in der ersten Reihe zu sitzen. Sich selbst ließ er in der Mitte der Balustrade im Relief verewigen: links mit seinen beiden Gemahlinnen, Bianca Maria Sforza (mit Apfel) und Maria von Burgund, rechts zwischen Staatskanzler und Hofnarr.

Im Gebäude, 1420 als Residenz der Tiroler Landesfürsten gebaut, befinden sich heute das Standesamt und das *Museum Goldenes Dachl (Mai–Sept. tgl., sonst Di–So 10–17 Uhr | Eintritt 5,50 Euro | ⏲ 1 Std.).* Auf dem Platz vor dem Erker stand in früheren Zeiten der Scheiterhaufen. *Herzog-Friedrich-Str. 15 | 🕮 c3*

STADTTURM

Vom 51 m hohen ehemaligen Rathausturm bietet sich dir nach dem Erklimmen von 133 Stufen ein atemberaubender 360-Grad-Blick auf die Berglandschaft – und in manche Dachwohnung der Altstadt. *Tgl. 10–17 Uhr | Eintritt 4,50 Euro | Herzog-Friedrich-Str. 21 | 🕮 c3*

DOM ZU SANKT JAKOB

Die zwei Türme des 1724 fertiggestellten, üppigen barocken Baus überragen die Altstadt. Der Dom wurde dem heiligen Jakob geweiht, weil er auf dem Weg nach Santiago de Compostela, dem Jakobsweg, liegt. Bekannt ist der Dom für das Gnadenbild Mariahilf von Lucas Cranach d. Ä. und das bronzene Grabmal des Tiroler Landesfürsten Maximilian III.

Jeden Tag um 12.15 Uhr läuten die 48 Glocken des Innsbrucker Friedensglockenspiels. Das Geläut hörst du am besten beim Dürerblick im Waltherpark auf der gegenüberliegenden Innseite in einem kleinen Pavillon. Dort stand schon Albrecht Dürer und malte die Altstadt. Ob es auch bei ihm klingelte, darüber schweigt die Chronik. *Domplatz 6 | 🕮 c3*

INSIDER-TIPP
Friedensglocken mit malerischem Blick

Wahrzeichen mit kaiserlicher Geschichte: das Goldene Dachl

HOFBURG

Unter Kaiser Maximilian I. galt die Residenz in Innsbruck als schönster Bau der Spätgotik. Die heutige, barocke Anlage geht auf Kaiserin Maria Theresia zurück, die die Hofburg in den Jahren 1750–70 umgestalten ließ. Besuchen kannst du die Kaiserappartements und die Dauerausstellung über Kaiser Maximilian. Sonntag ist Familientag mit gratis Eintritt und einer Führung um 14 Uhr *(3,50 Euro). Tgl. 9–16.30 Uhr | Eintritt 9,50 Euro, Kombiticket Hofburg und Dauerausstel-*

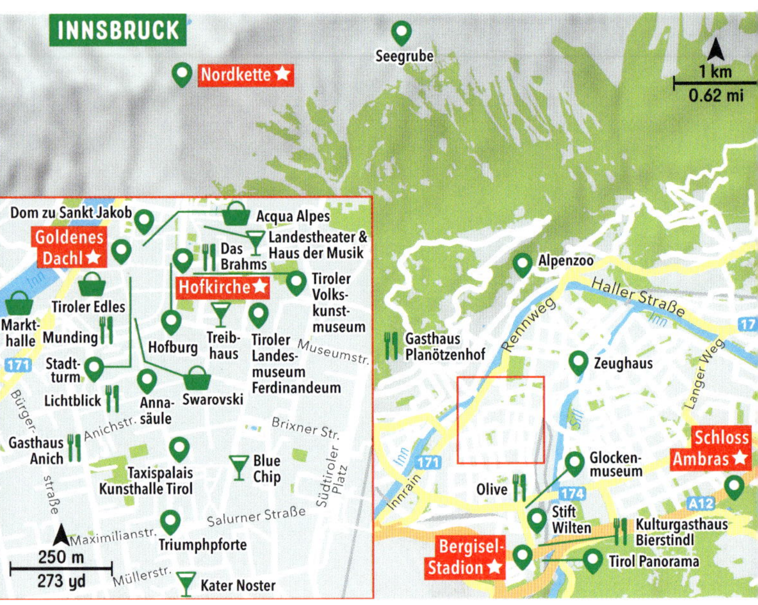

lung 15 Euro | Rennweg 1 | hofburg-innsbruck.at | 1 Std. | c3

HOFKIRCHE ★

28 überlebensgroße, schwarze Bronzefiguren, die „Schwarzen Mander", bewachen das leere, mit 24 Marmorreliefs verzierte Grabmal, das Kaiser Maximilian I. 1502 für sich selbst in Auftrag gab. Das größte Kaisergrab des Abendlands erfüllte aber nie seinen Zweck: Als der Regent 1518 todkrank vor den Mauern der Stadt stand, blieben die Tore zu. Der Kaiser hatte nämlich noch Schulden bei den Wirten – und beim Geld hört für Tiroler die Freundschaft auf. Gekränkt reiste Maximilian ab, bestimmte auf seinem Totenbett eine andere Ruhestätte für sich und starb kurz darauf. Etwa 50 Jahre später wurde die Hofkirche fertig gebaut. Statt der Gebeine des Kaisers ruht hier nun unter anderen seit 1823 der Tiroler Freiheitskämpfer Andreas Hofer. *Mo–Sa 9–17, So 12.30–17 Uhr | Kombiticket mit Volkskunstmuseum, Ferdinandeum, Zeughaus, Taxispalais und Tirol Panorama 14 Euro | Universitätsstr. 2 | tiroler-landesmuseen.at | 30 Min. | c3*

TIROLER VOLKSKUNSTMUSEUM

„Pralles Jahr" und „Prekäres Leben", hier rauschende Feste im Jahreszyklus, dort der karge Alltag eines großen Teils der Tiroler Bevölkerung. Dies ist nur ein Aspekt der beeindruckenden Sammlung des Museums, das in seinen Ursprüngen schon auf das Jahr 1888 zurückgeht. Zu sehen ist Tiroler Volkskunst aus fünf Jahrhunderten. Dabei ist die Ausstellung keine fade

Vitrinenschau, sondern lebendige und nachvollziehbare Geschichte aus allen gesellschaftlichen Schichten, vom Bauernstand über das Bürgertum bis hin zum Adel. *Tgl. 9–17 Uhr | Kombiticket mit Hofkirche, Ferdinandeum, Zeughaus, Taxispalais und Tirol Panorama 14 Euro | Universitätsstr. 2 | tiroler-landesmuseen.at | ⏲ 1 ½ Std. | 🕮 c3*

TIROLER LANDESMUSEUM FERDINANDEUM

Die Schätze des Landesmuseums führen von der Frühzeit Tirols bis zur zeitgenössischen Kunst, von römischen Funden über Reliefs des Goldenen Dachls bis zu Instrumenten des berühmten Absamer Geigenbauers Jakob Stainer. Dazwischen finden sich Gemälde aus allen Epochen, neben Arbeiten bedeutender Tiroler Künstler wie Albin Egger-Lienz auch Werke von Gustav Klimt, Egon Schiele oder Rembrandt van Rijn. Bei Redaktionsschluss dieses Reiseführers war das Ferdinandeum wegen Umbau geschlossen (geplante Wiedereröffnung 2027), die Ausstellungen und Angebote waren jedoch in andere Museen verlagert. *tiroler-landesmuseen.at | 🕮 c3*

ZEUGHAUS

Im einstigen Waffenlager von Kaiser Maximilian I. wandert man durch die Geschichte Tirols: von prähistorischen Funden über die Salz- und Silbergewinnung sowie die Freiheitskämpfe im 19.Jh. bis hin zum heutigen Tourismus. Im August findet im großen Innenhof ein Open-Air-Kinoprogramm statt. *Di–So 9–17 Uhr | Kombiticket mit Hofkirche, Volkskunstmuseum, Ferdinandeum, Taxispalais und Tirol Panorama 14 Euro | Zeughaus-*

„Schwarze Mander": Bronzefiguren in der Hofkirche von Innsbruck

gasse 1 | tiroler-landesmuseen.at | 1 ½ Std. | d3

ANNASÄULE

Die 13 m hohe Säule mitten in der Fußgängerzone wird von einer Marienstatue gekrönt. Auf dem Sockel der Säule stehen vier für Tirol bedeutende Heiligenfiguren: Anna, Georg, Kassian und Vigilius. 1703 fielen die Bayern im Zuge des spanischen Erbfolgekriegs in Tirol ein, die Tiroler verteidigten sich. Zum Gedenken an die Freiheit stellte die Stadt drei Jahre später die Statue auf. In den 1950er-Jahren wurde die Säule zum Schutz durch eine Kopie ersetzt, das Original steht in Sankt Georgenberg bei Schwaz. *Maria-Theresien-Str. | c4*

TAXISPALAIS KUNSTHALLE TIROL

Im Herzen von Innsbruck ist dies der Ort für zeitgenössische Kunst in Tirol. Mehrmals jährlich gibt es spannende Wechselausstellungen. *Di–So 11–18 Uhr | Kombiticket mit Hofkirche, Ferdinandeum, Zeughaus, Volkskunstmuseum und Tirol Panorama 14 Euro | Maria-Theresien-Str. 45 | tiroler-landes museen.at | 1 Std. | c4*

TRIUMPHPFORTE

1765 heiratete der Sohn von Kaiserin Maria Theresia, der spätere Kaiser Leopold II., in Innsbruck. Während der zwei Wochen dauernden Feierlichkeiten starb überraschend Maria Theresias Ehemann, Franz I. Zur Erinnerung ließ die Kaiserin diese Miniversion des Pariser Triumphbogens an der damaligen Innsbrucker Stadtgrenze erbauen. Die Südseite zeigt die Motive der Hochzeit, die nördliche die Motive des Todes. *Maria-Theresien-Str./Leopoldstr. | c4*

GLOCKENMUSEUM

In aller Welt erklingen die Glocken der Firma Grassmayr aus Innsbruck. Im Museum beim Geschäft sieht man in einer alten Gießerei, wie mühsam es mit den einfachen Werkzeugen früher war, die Glocken zu gießen. Durch eine Glasscheibe schaust du der heutigen Produktion zu. Im Klangraum werden Töne sichtbar. *Mo–Fr 10–16, Mai–Okt. auch Sa 10–16 Uhr | Eintritt 9 Euro | Leopoldstr. 53 | grassmayr.at | 45 Min. | c5*

STIFT WILTEN

Im Süden von Innsbruck stehen zwei prächtige Sakralbauten: Der rote ist das Prämonstratenser-Chorherrenstift auf dem Gelände der alten Römersiedlung Veldidena. Der Legende nach ist das Stift einem Kampf zu verdanken: Der Riese Haymon soll den Riesen Tyrsus im Jahr 878 erschlagen und aus Reue das Kloster errichtet haben. Die gigantischen Statuen von Haymon und Tyrsus bewachen heute noch den Eingang zur Stiftskirche. Im 17. Jh. wurde der ursprünglich romanische Bau barockisiert. Der zweite Prunkbau liegt gleich gegenüber: die *Wiltener Basilika* mit der Muttergottesstatue am Hochaltar, „Maria unter den vier Säulen". Der im Rokokostil errichtete Bau ist genau 100 Jahre jünger als die Stiftskirche. *Führungen durch das Stift Wilten sind online buchbar | Klostergasse 7 | stift-wilten.at | 1–1 ½ Std. | d6*

TIROL PANORAMA

Wer mitten drin steht, kann den Pulverdampf förmlich riechen, die Schreie hören, das Krachen der Gewehre. So plastisch wirkt das Riesenrundgemälde mit der dritten Bergiselschlacht der Tiroler gegen die Bayern, Sachsen und Franzosen. Die 360-Grad-Darstellung ist absolut sehenswert: Der Münchner Maler Michael Zeno Diemer ließ in dem 1896 fertiggestellten Gemälde auf mehr als 1000 m² die Schlacht wieder aufleben, in der Andreas Hofer und seine Männer am 13. August 1809 die bayerischen und französischen Truppen besiegten. Der Künstler brauchte für das gewaltige Werk nur drei Monate.

Der Altbau des *Kaiserjägermuseums*, das die Tiroler Militärgeschichte der vergangenen 200 Jahre behandelt, ist ein weiterer Bestandteil des Komplexes. Verbunden werden die zwei Museen durch einen unterirdischen Gang, in dem du die Ausstellung „Schauplatz Tirol" mit den Schwerpunkten Religion, Politik, Mensch und Natur sehen kannst. Angegliedert ist auch das *Restaurant 1809 (Mi–Mo 10–18 Uhr | Tel. 0512 58925921 | restaurant1809.at | €)* mit Glasfassade und einer Terrasse mit tollem Blick auf Stadt und Berge. *Mi–Mo 9–17 Uhr | Kombiticket mit Ferdinandeum, Zeughaus, Hofkirche, Volkskunstmuseum und Taxispalais 14 Euro, Bergisel-Kombiticket 15 Euro | Bergisel | tiroler-landesmuseen.at | 1 Std. |* *d6*

BERGISEL-STADION ★

Die Schanze steht auf historischem Boden: 1809 stellte sich der Tiroler

Die Sprungschanze des Bergisel-Stadions ist nichts für schwache Nerven

Freiheitskämpfer Andreas Hofer hier mit seinen Schützen gegen die Truppen Napoleons. Heute siehst du, mit etwas Glück, den Skispringern beim Training zu. Auf der 2002 von der Architektin Zaha Hadid neu gestalteten Sprungschanze springt die sportliche Crème de la Crème am 4. Januar während der jährlich stattfindenden Vierschanzentournee. Der Schanzenrekord liegt bei 138 m im Winter (Michael Hayböck, 2015), den kürzesten Sprung aller Zeiten machte der Deutsche Helmut Ackermann 1964 mit nur 45 Metern. Zum 50 m hohen Schanzenturm kommt man mit dem Schrägaufzug. Der Ausblick vom Panoramarestaurant *Bergisel Sky (Tel. 0512 589259)* entschädigt für den leicht überteuerten Eintrittspreis ins Stadion.

Innsbruck leuchtet: atemberaubender Blick von der Seegrube

Bis 11 Uhr wird hier das *Bergisel-Frühstück (33,50 Euro inkl. Eintritt und Liftfahrt | Reservierung Tel. 0512 58 92 59)* serviert. *Juni–Okt. tgl. 9–18, Nov.–Mai Mi–Mo 9–17 Uhr | Eintritt 11 Euro, Kombiticket mit Tirol Panorama 15 Euro | bergisel.info | ⏲ 1–2 Std.* Unterhalb des Stadions steht die Statue von Andreas Hofer, daneben liegt das *Tirol Panorama* (s. S. 75). *d6*

ALPENZOO

Bären, Luchse, Elche – mehr als 2000 Tiere und 150 verschiedene Arten, die in den Alpen früher heimisch waren oder heute noch in den Bergen leben, sind in dem höchstgelegenen Zoo Europas (750 m) zu Hause. Auf dem Schaubauernhof sind vor allem die vom Aussterben bedrohten Nutztierrassen interessant. Fahr am besten mit dem Bus W oder der Hungerburgbahn, denn es gibt nur sehr wenige Parkmöglichkeiten. *April–Okt. tgl. 9–18, Nov.–März 9–17 Uhr | Eintritt Erw. 14, Kinder 7 Euro, Kombiticket Parken in der Congress-Garage, Fahrt mit der Hungerburgbahn und Zooeintritt 19 Euro | Weiherburggasse 37 | alpenzoo.at | ⏲ 2–3 Std. | c1*

SEEGRUBE

In sieben Minuten gelangst du von der Innenstadt auf die *Hungerburg* – ein Stadtteil von Innsbruck und die erste Station auf der ★ *Nordkette.* Dort bekommst du einen Vorgeschmack auf die Aussicht, die dich weiter oben erwartet. Die Stationen der Hungerburgbahn, die wie grüne Ufos aussehen, entwarf die britisch-irakische Architektin Zaha Hadid.

Weiter hinauf in die hochalpine Bergwelt geht es mit der Seilbahn, erst zur *Seegrube* (1905 m) und dann zum *Hafelekar* (2256 m). Der Panoramablick ist atemberaubend. Genussvoll speist man mit Blick auf die Lichter der Stadt im Panoramarestaurant *Seegrube (tgl. 9–18 Uhr | Tel. 0664 88447816 | seegrube.at | €–€€€). Talstation am Rennweg | Innsbruck-Hungerburg 12,20 Euro, Seegrube 42,30 Euro, Hafelekar 47 Euro (hin und zurück) | nordkette.com | H–J4*

SCHLOSS AMBRAS ★

Erzherzog Ferdinand II. fesselte seine Gäste zur Begrüßung erst einmal auf einen Stuhl und leerte ihnen daraufhin einen großen Krug Wein in den Rachen. Dieses Ritual bleibt dir heute zum Glück erspart. Den Schnappstuhl aber sieht man immer noch im Unterschloss mit einer beeindruckenden Rüstungs- und Waffenausstellung. In der *Wunderkammer* sind außergewöhnliche Sammelobjekte des Erzherzogs wie Bronzeskulpturen und Goldschmiedearbeiten zu bestaunen. Faszinierend ist auch der *Schlosspark* mit Grotten und künstlichem Wasserfall.

Der Erzherzog ließ die aus dem 11. Jh. stammende Burg im 16. Jh. ausbauen. Im Hochschloss sind die Porträts der Habsburger, die zwischen 1400 und 1800 lebten, zu sehen – geschaffen von berühmten Malern wie Lucas Cranach, Tizian, Diego Velázquez oder Anthonis van Dyck. Der 43 m lange *Spanische Saal* wird im Sommer für Konzerte genutzt. *Dez.–Okt. tgl. 10–17 Uhr, Habsburger Porträtgalerie und Gotiksammlung nur April–Okt. | Eintritt 16 Euro | Schlossstr. 20 | schlossambras-innsbruck.at | 2 Std. | J4*

ESSEN & TRINKEN

DAS BRAHMS

Moderne und kreative Küche erwartet dich im Haus der Musik. Nicht nur für Konzert- und Theaterbesucher, sondern für alle Feinschmecker, dazu eine schöne Terrasse mit Blick auf die Hofburg. *Di–So 10–1 Uhr | Universitätsstr. 1 | Tel. 0512 552880 | dasbrahms.at | €€€ | c3*

MUNDING

INSIDER-TIPP **Fein naschen**

Manche behaupten ja, sie seien die allerbesten der Stadt: die Kuchen aus Tirols ältester Konditorei (seit 1803!). Probier im Café unbedingt die köstlichen Andreas-Hofer-Kugeln. Dazu gibt's Kaffee aus der hauseigenen Rösterei. *Di–Sa 9–18 Uhr | Kiebachgasse 16 | Tel. 0512584118 | munding.at | c3–4*

LICHTBLICK

Im 7. Stock des Rathauses tafelst du in dem preisgekrönten Restaurant mit Rundumblick auf die Stadt. Gleich gegenüber liegt die dazugehörige Bar *360 Grad.* Tolle Weinkarte. *Mo–Sa 10–1 Uhr | Maria-Theresien-Str. 18 | Tel. 0512 566550 | restaurant-lichtblick.at | €€–€€€ | c4*

GASTHAUS ANICH

Das „Anich" gehört dem Stift Wilten und ist eines der ursprünglichsten Innsbrucker Wirtshäuser. Von den drei Stuben sehen zwei seit Jahrzehnten unverändert aus. Serviert werden Tiroler Köstlichkeiten in ausgesprochen großen Portionen. *Mo–Sa 9–23 Uhr | Anichstr. 15 | Tel. 05125 70450 | € | c4*

OLIVE

Ausgezeichnete vegetarische und vegane Gerichte gibt es in diesem puristisch eingerichteten Lokal. Der Laden ist beliebt, daher besser reservieren. Mitten im Szeneviertel Wilten gelegen, ist er samstags auch ein guter Spot zum Brunchen. *Di–Sa 11.30–14 und 17–23, Brunch Sa 9–14 Uhr | Leopoldstr. 36 | Wiltener Platzl | Tel. 0512 359075 | Facebook | €–€€ | c5*

KULTURGASTHAUS BIERSTINDL

Am Fuß des Bergisel werden bayerisches Bier und österreichische Spezialitäten serviert. Der Gastgarten steht voller schöner Kastanienbäume. Wer hier ist, sollte sich die *Innsbrucker Ritterspiele (Reservierung Tel. 0664 3774661 | innsbrucker-ritterspiele.info)* einer skurrilen Märchen- und Boulevardbühne anschauen, legendär ist das Stück vom „Schurkischen Kuno". *Mi–So 11–23 Uhr | Klostergasse 6 | Tel. 0512 580000 | bierstindl.eu | € | d6*

GASTHAUS PLANÖTZENHOF

Oberhalb der Stadt liegt das Traditionsgasthaus, das mit sehr guter Küche und mit einer denkmalgeschützten Veranda aufwartet. Nur Barzahlung. *Do–Sa 11.30–20, So 11.30–19 Uhr | Planötzenhofstr. 30 | Tel. 0512 2274017 | €–€€ | a2*

FOOD TOURS

Essen, gehen, reden: Zu jeder Speise gibt es irgendeine Anekdote. Bei den Führungen durch die Stadt bekommst du Geschichte und Geschichten erzählt und kannst die Gerichte in verschiedenen Lokalen natürlich auch probieren. *Lange Tour 4 Std., „Sweet Tour" 2 ½ Std. | innsbruckfoodtours.at*

SHOPPEN

ACQUA ALPES

Die Alpen duften angenehm frisch und sind auch für Menschen mit empfindlicher Haut gut verträglich. Jedenfalls in Form der Duftlinie, die ein junges Paar kreiert hat. *Hofgasse 2 | acquaalpes.com | c3*

SWAROVSKI

Es funkelt und glitzert: Filiale der weltbekannten Glassteinfirma in der Innsbrucker Altstadt. *Herzog-Friedrich-Str. 39 | c3*

TIROLER EDLES

Hier findest du das Beste an Handwerk, was Tirol nördlich und südlich des Brenners zu bieten hat: Ponchos aus Walkstoff, handgenähte Rucksäcke, Keramik – jedes Stück ein Unikat. *Seilergasse 13 | tiroleredles.at | c3*

MARKTHALLE

Du musst nicht unbedingt etwas kaufen, allein das Bummeln über diesen Lebensmittelbasar inklusive Bioangebot ist spannend. Im hinteren Teil der Markthalle findet täglich vormittags ein Bauernmarkt statt, jeweils am ersten Freitag im Monat nachmittags ein Künstler- und Handwerksmarkt. *Mo–Fr 7–18.30, Sa 7–13 Uhr | Herzog-Siegmund-Ufer 1 | b3–4*

SPORT & SPASS

Innsbruck hat für Walker und Läufer ein Streckennetz von stolzen 283 km Länge ausgeschildert. Das reicht vom gemütlichen Familienjogging am Inn bis zum Trail ins Hochgebirge. Kostet auch nichts, außer viel Schweiß. *innsbruck.info*

WELLNESS

DAMPFBAD SALURNER STRASSE

Eine wunderbare Wellness-Zeitreise erwartet dich im beinahe 100 Jahre alten und liebevoll restaurierten städtischen Dampfbad. *Okt.–April Di, Do, Fr 13–22, Mi, Sa, So 11–22 Uhr | Mi Damentag | Tageskarte 16,20 Euro | Salurner Str. 6 | Tel. 0676 8 36 86 56 96 | c4*

AUSGEHEN & FEIERN

LANDESTHEATER & HAUS DER MUSIK

Zeitgenössische und klassische Stücke, Oper, Operette, Musical oder Tanz, auch besondere Angebote für Kinder. *Sept.–Juni/Juli | Rennweg 2 | Tel. 0512 5 20 74 | landestheater.at | c3*

TREIBHAUS

Das gemütliche Café ist seit Jahrzehnten ein Dauerbrenner in Innsbruck als Studenten- und Künstlertreff. In den Sälen und im Turm gibt es laufend Veranstaltungen, etwa Salsa-Tanz und Kleinkunst. *Angerzellgasse 8 | Tel. 0512 57 20 00 | treibhaus.at | c3*

INSIDER-TIPP
365 Tage Programm

Am Inn kannst du joggen, walken oder einfach einen Gang runterschalten

Ehemaliges Bauerndorf ganz im Tiroler Stil: Neustift im Stubaital

BLUE CHIP

Die beste Disko der Stadt: Tanzen zu Partysound, am Wochenende eher Hip-Hop-lastig. Ab Mitternacht füllt sich die Location, die seit über 25 Jahren im Nachtleben präsent ist. *Fr, Sa und vor Feiertagen 23–4 Uhr | Wilhelm-Greil-Str. 17 | chip-ibk.com | c4*

KATER NOSTER

Von der Triumphpforte nach Süden zum Wiltener Platzl feiert die Szene, ein angesagter Treff ist diese Bar. Auf wolkenweichen Couchen wird philosophiert, geplaudert, gearbeitet. Dem Gin ist eine ganze Seite der Getränkekarte gewidmet. Abends immer voll. *Mo–Sa ab 17 Uhr | Leopoldstr. 7 | c4*

INSIDER-TIPP
Cool im Kater

RUND UM INNSBRUCK

1 IGLS

6 km / 15 Min. von Innsbruck (Auto)

Prominente im Wok? Konnte man hier schon sehen, auf der Bobbahn der Olympischen Spiele. Ansonsten gilt der ruhige Ort (2600 Ew.) auf einem Sonnenplateau am Fuß des Patscherkofels als Nobelviertel Innsbrucks (Endstation der Straßenbahnlinie 6), beliebtes Tourismusgebiet und Ausgangspunkt für Wanderungen. 1 km von Igls liegt *Lans* mit dem wahrscheinlich besten Wirtshaus Tirols: dem *Wilden Mann (tgl. 11–23 Uhr | Römerstr. 12 | Tel. 0512 37 96 96 | wildermann-lans.at | €€)*. J4

FULPMES & DAS STUBAITAL

(H5) **Das 35 km lange Stubaital, das von Schönberg bis zum Stubaier Gletscher in den Stubaier Alpen verläuft, ist durch eine Straßenbahn mit Innsbruck verbunden.**
Es ist ein einmaliges (Natur-)Erlebnis, mit der roten Stubaitalbahn – der „Stubaier" – von Innsbruck/Wilten wie vor hundert Jahren durch herrliche Lärchenwälder in Telfes nach Fulpmes (4600 Ew.) zu fahren. Neustift ist der größere Tourismusort, Hauptort aber war immer Fulpmes. Eng wird es hier nur in der Wintersaison.

SIGHTSEEING

HEIMAT- UND KRIPPENMUSEUM

Die Krippensammlung des Fulpmer Altbürgermeisters Robert Denifl, der persönlich Führungen macht, ist die größte in ganz Westösterreich. *Do–So 10–12 und 14–17 Uhr | Eintritt 4,80 Euro | Bahnstr. 11 | Fulpmes | Führungen Tel. 0677 64 45 43 52 | 1 Std.*

SCHMIEDEMUSEUM

Bis ins 16. Jh. wurde in der Schlick, heute ein Skigebiet, Eisenerz abgebaut. Originalwerkzeuge, wie man sie noch im 19. Jh. benutzte, sind im Museum zu sehen. *Im Sommer Mi 14–17 Uhr, im Winter nur auf Anfrage | Eintritt 2 Euro | Fachschulgasse 4 | Fulpmes | Tel. 05225 69 60 24 | ca. 1 Std.*

NEUSTIFT IM STUBAITAL

Hotel reiht sich an Hotel in dem ehemaligen Bauerndorf (5000 Ew.) – aber man blieb dem Tiroler Stil treu. Die weithin sichtbare *Pfarrkirche Sankt Georg* von 1780 ist innen mit prächtigen Fresken verziert. Ein lohnender Ausflug ist die 1. Etappe des spektakulären, 3,5 km langen *Wilde-Wasser-Wegs* vorbei an Stromschnellen bis zum Grawa-Wasserfall *(Start: Wilde-Wasser-Arena in Ranalt | stubai.at).*

INSIDER-TIPP
Gesichtsdusche am Wasserfall

ESSEN & TRINKEN

GASTHOF GRÖBENHOF

Im Stubaital findest du keinen besseren Gasthof. Freundlicher Familienbetrieb mit exzellenter Tiroler Küche und einer schönen Sonnenterrasse. Besonders lecker: das traditionelle Wiener Schnitzel. *Do–Mo 10–22 Uhr | Gröben 1 | Fulpmes | Tel. 05225 6 24 42 | groebenhof.at | €€*

INSIDER-TIPP
Schnitzel mit Ausblick

SPORT & SPASS

ADVENTURE PARK

Riesiger Hochseilgarten mit jeder Menge Netzen, Seil- und Holzbrücken. *Juni–Aug. tgl. 10–19, Mitte April–Mai und Sept., Okt. Do, Fr 12–19, Sa, So 10–19 Uhr | Eintritt 27 Euro | Fulpmes | Tel. 0664 8 64 49 44 | outdoorprofi.at*

MOUNTAINBIKEN

Biker können 240 km ausgeschilderte Routen unter die Reifen nehmen –

von der Talrunde fast ohne Steigung bis zur schweren Route mit starker Steigung zu den *Pfurtschellhöfen* auf 1300 m. *Infos in den Tourismusbüros*

STUBAIER HÖHENWEG

Der Wanderweg führt entlang einer einmaligen Bergkulisse in mehreren Etappen von Hütte zu Hütte. Infos und Karten gibt es auf *stubaier-hoehen weg.at* und in den Tourismusbüros.

AUSGEHEN & FEIERN

KINO FULPMES

Seit 1920 steht hier das älteste Kino ganz Österreichs, und das noch im Originalzustand. Gezeigt werden Blockbuster, historische und Kinderfilme. *Mi–So 14, 16 und 20 Uhr | Michael-Pfurtscheller-Weg 8 | kino-fulpmes.at*

RUND UM FULPMES

2 MATREI AM BRENNER

16 km / 20 Min. von Fulpmes (Auto)

Die Häuser auf der Brennerstraße im Hauptort des Wipptals (870 Ew.) sind mit opulenten Fassadenmalereien versehen, was bei dem starken Durchgangsverkehr oft übersehen wird. Bei Matrei zweigt die Mautstraße in den höchstgelegenen Wallfahrtsort Tirols ab, nach *Maria Waldrast*. Vor dem *Klostergasthof (Di–So 10–17 Uhr | Tel. 05273 62 19 | mariawaldrast.at | €)* liegt eine schöne Terrasse. Wer sich traut: Beim Schloss Trautson kannst du auf der 150 m langen Hängebrücke über die Sillschlucht spazieren. *J5*

3 BBT INFOCENTER TUNNELWELTEN

20 km / 20 Min. von Fulpmes (Auto)

Wieso treffen sich Tunnelröhren, wenn man von zwei Seiten aus gräbt? Und wo kommt das weggeräumte Gestein hin? Diese und andere Fragen zum 64 km langen Brenner-Basistunnel werden hier beantwortet. *Di–So 10–17 Uhr | Eintritt frei | Alfons-Graber-Weg 1 | Steinach am Brenner | tunnelwelten.com | 1 Std. | J6*

4 VALS

28 km / 30 Min. von Fulpmes (Auto)

INSIDER-TIPP
Alm-Öhi in drei Tagen

Leben wie ein Bergbauer: In der Almschule im Bergsteigerdorf Sankt Jodok (Schmirn) hilft man beim Mähen und Heuen *(3- bis 7-tägige Kurse | Anmeldung im Tourismusbüro | Tel. 0527 26270 | wipptal.at/schule-der-alm).* Beliebt ist die *Sattelbergalm* ein paar Kilometer weiter: Im Winter kehren Skitourengeher bei Luis und Angie ein, im Sommer geht's in einer Stunde über den Wassersteig hinauf (Almtaxi gibt's auch). Startpunkt: Parkplatz in Gries am Brenner. Gutes Essen, Sauna (!), Kinderspielplatz *(Übernachtung mit Frühstück ab 53 Euro | Tel. 0527 48 77 17 | sattelbergalm.at). J6*

5 OBERNBERG AM BRENNER

31 km / 30 Min. von Fulpmes (Auto)

Die kleine Ortschaft im gleichnamigen Seitental des Wipptals (380 Ew.)

liegt auf 1400 m und besitzt eine der am malerischsten gelegenen Kirchen Europas, mitten auf der Wiese auf einem Hügel. Ganz hinten im Tal am Fuß der mächtigen Tribulaungruppe liegt der *Obernberger See,* ein so beliebtes wie schönes Wander- und Ausflugsziel. In einer alten Mühle führt dort der Müller vor, wie man früher Korn zu Mehl verarbeitete *(nach Voranmeldung | Tel. 05274 874625).* *J6*

HALL

(J4) **Die ehemalige heimliche Hauptstadt des Landes ist heute wohl eine der schönsten mittelalterlichen Städte Österreichs.**

Hall (14 500 Ew.) – die Stadt trägt das keltische „Hal" für Salz in ihrem Namen – ist ein optisches Kleinod. Seit dem 13. Jh. wurde im Halltal das weiße Gold abgebaut, die Stadt entwickelte sich zu einem wichtigen Handelszentrum, lange bevor Innsbruck an Bedeutung gewann. Die Habsburger ließen hier ab 1477 ihren berühmten Haller Taler prägen, der bis zu Beginn des 19. Jhs. in ganz Europa in Gebrauch war. Auch die erste Glashütte nördlich der Alpen stand hier.

SIGHTSEEING

ALTSTADT ★

Einzelhandels- und Handwerksläden in engen, kopfsteingepflasterten Straßen charakterisieren die mittelalterliche Stadt. Auch das schönste Standes-

Beliebtes Ausflugsziel für Wanderer: Obernberg am Brenner

amt Tirols liegt in der Haller Altstadt, Brautpaare pilgern in Scharen dorthin. *Stadtführungen: Mo, Do, Sa 10 Uhr ca. 1 Std. | 6 Euro | Treffpunkt: Tourismusbüro | Unterer Stadtplatz 19.* Interessante Themenführungen: *hall-fuehrungen.at | kontakt@hall-fuehrungen.at | Tel. 0676 4 10 30 71*

PFARRKIRCHE SANKT NIKOLAUS

Hoch droben auf dem Treppengiebel wacht der hl. Nikolaus, dem die spätgotische Hallenkirche (15. Jh.) geweiht ist. Das Innere der Kirche wurde im üppigen Barock gebaut. Die zweigeschossige *Magdalenenkapelle* hinter der Kirche stammt aus dem Jahr 1280. *Oberer Stadtplatz*

BERGBAUMUSEUM

In einem 1929 nachgebauten Stollen wird die 700-jährige Salzbergbaugeschichte Halls lebendig. *Führungen Mo, Do, Sa 11.30 Uhr | Eintritt 5 Euro | Fürstengasse 2 | ⏲ 1 Std.*

Beim Bummel durch die Altstadt wird Halls Geschichte lebendig

MÜNZE HALL

Wie der Haller Guldiner (1486) aus Schwazer Silber zum Namensgeber des US-Dollars wurde und wie viel der größte Silbertaler der Welt wiegt, erfährt man hier. Vom *Münzerturm* genießt du einen herrlichen Blick über die Haller Altstadt. *April–Okt. Di–So, sonst Di–Sa 10–17 Uhr | Eintritt Münze 8 Euro, Turm 5,50 Euro, Kombiticket Turm und Museum 11,50 Euro, Führung mit Audioguide | Burg Hasegg 6 | muenze-hall.at | ⏲ 1 Std.*

ESSEN & TRINKEN

BAR CENTRALE

Gute Weine und italienisches Essen genießt du in diesem gemütlichen Lokal, das mitten in der Altstadt liegt. Abends sollte man allerdings unbedingt reservieren, da es oft sehr gut besucht ist. *Mo–Fr 9–23 Uhr | Schlossergasse 1 | Tel. 05223 5 60 55 | €€*

SHOPPEN

HALLER BAUERNMARKT

Ganz viel frisches Gemüse, Obst, Käse, Speck und leckeres, selbst gebackenes Brot direkt vom (Bio-)Bauern kannst du hier probieren und natürlich auch kaufen. *Sa-Vormittag | Oberer Stadtplatz | haller-bauernmarkt.at*

TUXERBAUER TULFES

Mit dem Auto nur zehn Minuten von Hall entfernt, steht in Tulfes der Bauernhof, auf dem du preisgekrönte, selbst gebrannte Schnäpse, jede Menge Würste, Käse und Brot nach Herzenslust probieren und natürlich auch erwerben kannst. Außerdem gibt es Biofleisch von Rind, Kalb und Schwein. Einfach an der Tür läuten. *Schmalzgasse 5 | schnaps-brennerei.at*

RUND UM HALL

6 HINTERHORNALM

10 km/30 Min. von Hall (Auto)

Am Ortsanfang von Gnadenwald zweigt links eine Mautstraße *(5 Euro)* ab. Zahlreiche Serpentinen führen auf die 1520 m hoch gelegene, urige Alm. Die Kinder vergnügen sich auf dem Spielplatz, während du bei Deftigem den Ausblick aufs Inntal genießt. *Nur im Sommer Mo–Mi, Fr 10–18, Sa, So 8–18 Uhr | Tel. 0664 99 62 83 55 | hinterhornalm.at | J–K4*

7 SWAROVSKI KRISTALLWELTEN ★

10 km/15 Min. von Hall (Auto)

Nahe dem Swarovski-Hauptwerk liegt in Wattens die zweitgrößte Touristenattraktion Österreichs nach Schloss Schönbrunn in Wien. Durch den Schlund eines Wasser speienden Riesen betrittst du die von André Heller erdachte, magische Welt, in der neben Klang- und Farbinstallationen Werke von Pablo Picasso, Joan Miró, Salvador Dalí oder Andy Warhol die Besucher verzaubern. *Tgl. 9–19 Uhr | Eintritt 25 Euro | Kristallweltenstr. 1 | kristallwelten.swarovski.com | 2 Std. | K4*

8 KUGELWALD AM GLUNGEZER

13 km/25 Min. von Hall (Auto)

Ein Platz zum Toben: Es gibt eine riesige Kugelbahn mit Zirbenholzkugeln, ein großes Baumhaus, ein Waldklassenzimmer und Klangelemente. Direkt daneben: das Gasthaus *Halsmarter (Halsmarter 1 | Tulfes | Tel. 05223 783 61 | €)* an der Mittelstation der Glungezerbahn *(Gondel ab 8 Euro). Im Sommer Hauptsaison tgl. 8.30–17 Uhr | Eintritt frei, Kaution 8 Euro, Miete 2 Euro/Kugel | kugelwald.at | J4*

SCHÖNER SCHLAFEN IN INNSBRUCK & UMGEBUNG

BETT FÜR INDIVIDUALISTEN

Ein kleines Innsbrucker Hotel in ruhiger, doch sehr zentraler Lage mit überaus individuellen Zimmern von Mini Single Suite bis Loft Hide Away: Das *Nala (57 Zi. | Müllerstr. 15 | Tel. 0512 58 44 44 | nala-hotel.at | €€ | c4)* wurde schnell zum Tipp in Sachen Unterbringung.

ZELTEN WIE IN AFRIKA

Du musst nicht nach Afrika fliegen, um in einer Safarilodge auf Stelzen zu übernachten. Das gibt es auch auf dem *Luxuscampingplatz am Natterer See (Tel. 0512 54 67 32 | natterersee.com | €–€€ | H4)* und nennt sich dann Glamping. Natürlich kannst du aber auch das eigene Wohnmobil oder Zelt hinstellen.

UNTERLAND

GRASBERGE ZUM SKILAUFEN

Im Tiroler Unterland, von Innsbruck Richtung Osten, öffnet sich langsam das Tal. Zuerst unmerklich, ab Schwaz immer deutlicher. Die Berge werden flacher, nehmen rundere Formen an. Im Winter ideal zum Skilaufen, im Sommer zum Wandern und Mountainbiken.

Wenn dir enge Täler und schroffe Felsen nicht so liegen, dann bist du in dieser lieblichen Landschaft besser aufgehoben als im Oberland. Auch die Menschen, so heißt es, haben hier ein sonnigeres Naturell,

Panorama-Badestelle: Schwarzsee vor den Kitzbüheler Alpen

das richtig ansteckend wirkt. Gleichzeitig liegen hier einige der bedeutendsten und ältesten Städte Tirols: Schwaz, das durch den Silberbergbau reich wurde, Rattenberg, das kleinste Städtchen Österreichs, und Kufstein als Wächter am Eingang zu Tirol. Dazu findest du hier große alpine Wintersportzentren wie das Zillertal oder Kitzbühel, am Walchsee ein ideales Gebiet für den Langlauf, mit dem Wilden Kaiser ein Kletterparadies und den größten See des Landes, den Achensee.

UNTERLAND
Neuhaus
307
Bayrischzell
Spitzingsee
Kreuth
307
DEUTSCHLAND
Schmiedtal
Landl
Hinterthiersee
181
Achenkirch
Steinberg am Rofan
Wallfahrtskirche Mariastein 6
Angerberg
Brandenberg
Wörgl
Breitenbach am Inn
Kundl
8 Achensee
Achensee
A12
171
Kramsach
9
10 Rattenberg
7 Wildschönau
Pertisau
Brixlegg
Maurach
Münster
Reith im Alpbachtal
181
Auffach
Jenbach
Wiesing
11 Alpbach
Achensee-Zahnradbahn
Schloss Tratzberg 13
12
Schlitters
Sankt Georgenberg
12 Wolfsklamm
Schwazer Silberbergwerk
Hart im Zillertal
Schwaz
S. 101
Vomp
Fügen
Terfens
171
Uderns
Weer
169
Weerberg
Ried im Zillertal
Kaltenbach
Zillertal
Kolsassberg
Hochfügen
50 km, 3 Std.
70 km, 55 Min.
Zell am Ziller
Gerlos
Hainzenberg
165
Gmünd
Hippach
Schwendau
Hollenzen
6 km
3.73 mi
Tux
Mayrhofen
S. 97
Brandberg

MARCO POLO HIGHLIGHTS

★ **FESTUNG KUFSTEIN**
Gewaltige Burg mit der größten Freiorgel der Welt ➤ S. 93

★ **ACHENSEE-ZAHNRADBAHN**
Die dampfbetriebene Zahnradbahn ist die netteste Art, Tirol zu erleben ➤ S. 99

★ **RATTENBERG**
Kleinste Stadt Österreichs – bezauberndste Stadt Tirols mit mittelalterlichem Kern ➤ S. 100

★ **SCHWAZER SILBERBERGWERK**
Spannung unter Tage ➤ S. 102

★ **WOLFSKLAMM**
Wasserfälle zwischen schroffen Felsen und am Ende der älteste Wallfahrtsort des Landes ➤ S. 103

Im Winter Après-Ski, im Sommer Altstadtcafé – alles geht in Kitzbühel

KITZBÜHEL

(◫ O3) **Das Städtchen Kitzbühel (8300 Ew.) wird jeden Winter zum Treffpunkt der High Society. Vor allem rund um das Hahnenkammrennen im Januar kommt alles her, was Rang und Namen hat.**
Im Sommer ist die Atmosphäre im Ort nicht ganz so neureich-nobel. Aber wenn du in den angenehmen Gassencafés in der Altstadt sitzt, bist du umgeben von fein herausgeputzten Herrenhäusern.

SIGHTSEEING

MUSEUM KITZBÜHEL

Anders als manche anderen Heimatmuseen ist dies ein modern gestaltetes Haus. Besonders sehenswert sind die Werke des lokalen Malers Alfons Walde. *Im Sommer Fr–Mi 10–17, Do 10–20 Uhr, sonst eingeschränkt | Eintritt 8 Euro | Hinterstadt 32 | museum-kitzbuehel.at |* ⏲ *1 Std.*

KIRCHEN

Das ursprünglichste der Gotteshäuser ist die gotische *Katharinenkirche* (1365), versteckt zwischen Hotels und Geschäften. Täglich um 11 und 17 Uhr erklingt ihr Glockenspiel. Wichtiger für die Kitzbüheler waren die größeren Kirchen, die Straße hinunter: die *Liebfrauenkirche* (14. Jh.) mit ihrem wuchtigen Wehrturm und die spätgotische *Stadtpfarrkirche Sankt Andreas* (14. Jh.). Am Fuß der Treppen liegt der leicht zu übersehende Eingang der kleinen *Spitalskirche* (1412).

ALPENHAUS

Die wunderbare Aussicht auf Kitzbühel kann man hier nur im Pulk genießen. Auch das Restaurant hat nichts mehr von einem Idyll. Spazier lieber bis zum ruhigen *Kitzbüheler Horn (30 Min.)*. Außerdem kannst du kaum irgendwo anders einfacher ein Foto von dir neben einem Gipfelkreuz (2000 m) schießen.

Direkt zum Alpenhaus kommt man von Kitzbühel über die mautpflichtige *Panoramastraße (ca. 7,5 km | Pkw 25 Euro)* oder mit der Gondelbahn, der *Hornbahn (tgl. 8.30–17 Uhr | 31,50 Euro | Hornweg 23a | kitzski.at). alpenhaus.at*

ESSEN & TRINKEN

HUBERBRÄU-STÜBERL

INSIDER-TIPP **Auf der Flucht vor Schickimicki**

Hier treffen sich die Einheimischen in der Mittagspause oder auf ein Bier nach der Arbeit. Wenn du genug hast vom Kitzbüheler Prunk, dann findest du hier Bodenständigkeit, nicht nur auf der Speisekarte. Günstige und sehr gute Küche. *Tgl. 9–23 Uhr | Vorderstadt 18 | Tel. 05356 6 56 77* | €

SCHWEDENKAPELLE

Einheimische wie Gäste preisen die freundliche Atmosphäre bei Familie Steiner im Traditionsgasthaus. Die Karte ist klein und bodenständig, alles mit viel Liebe zum Detail. *Mi–So 11.30–14 und 17–21 Uhr | Klausenbach 67 | Tel. 05356 6 58 70 | schwedenkapelle.com* | €€€

ZUM REHKITZ

Uriges Bauernhaus (16. Jh.) mit typisch tirolerischen Speisen, Spezialität: Schlutzkrapfen. *Di, Mi 17–21, Do–Sa 12–21 Uhr | Am Rehbühel 30 | Tel. 05356 6 61 22 | rehkitz.at* | €€

SHOPPEN

Die Kitzbüheler Innenstadt hat vor allem Boutiquen mit gehobenen Preisen zu bieten. In den Touristengeschäften findet sich häufig eher überteuerte Ware.

SPORT & SPASS

GOLF

Gut ein halbes Dutzend Golfplätze liegen in und um Kitzbühel, wie etwa der *Golf Club Schwarzsee (Schwarzsee 35 | Tel. 05356 6 66 60 70 | golfschwarzsee.at)* oder der *Golfclub Eichenheim (Eichenheim 8 | Tel. 05356 66 61 55 63 | eichenheim.at)*.

SPORTPARK KITZBÜHEL ☂

Eislaufen, Curling, Klettern, Kegeln und Tennis – alles auf 4500 m² Fläche unter einem Dach. *Sportfeld 1 | Tel. 05356 2 02 22 | sportpark-kitzbuehel.com*

WANDERN

Mehr als 1000 km Wanderwege locken dich raus in die Natur. Besonders beliebt ist die Wanderung auf die *Kelchalm (ca. 4 Std.)* mit einem einmaligen Ausblick auf die umliegenden Berge.

Oder du gehst über eine der berühmtesten Skiabfahrtsstrecken der Welt, die *Streif,* wo die Schlüsselstellen der Abfahrt mit Toren gekennzeichnet sind.

AUSGEHEN & FEIERN

THE LONDONER

Schon seit über 30 Jahren ist dieser original englische Pub im Ort ein Garant für allerbeste Stimmung und leckeres, süffiges Bier. *Im Winter tgl. 16–4, im Sommer Fr–So 20–4 Uhr | Franz-Reisch-Str. 4 | thelondoner.at*

RUND UM KITZBÜHEL

1 SCHWARZSEE

3 km/15–20 Min. (Fahrrad)

Nicht weit von der „Gamsstadt" (Kitzbühel) entfernt liegt der Schwarzsee, ein warmer Moorsee mitten im Wald. Hier genießt du ein herrliches Bad und einen einmaligen Ausblick auf den Wilden Kaiser.

INSIDER-TIPP
Kuchen mit Kaiserblick

Oder du setzt dich auf die Terrasse des *Café Schwarzsee by Sandra* und genießt ihre großen hausgemachten Torten und Kuchen *(Fr–Mi 9–18 Uhr | Am See 5).* 🕮 *O3*

2 BRIXENTAL

12 km/15 Min. bis Brixen (Auto)

Die Orte *Brixen, Hopfgarten, Kirchberg, Westendorf* und *Itter* liegen in der 30 km langen Verbindung zwischen Kitzbühel und Wörgl. Das Brixental ist durch seine Weitläufigkeit und Lage entlang der Kitzbüheler Alpen eines der schönsten Täler Tirols. Mit seinen Gipfeln, die selten höher sind als 2000 m, ist das Tal perfekt für Berganfänger. Das beste Restaurant im Tal ist der *Rosengarten (tgl. 12–14 und 18–21 Uhr | Aschauerstr. 46 | Kirchberg | Reservierung erforderlich | Tel. 05357 4201 | rosengarten-taxacher.com | €€€).* Auch sehr gut sind die Betriebe der *KochArt*-Restaurantgemeinschaft, die Kooperationen mit heimischen Landwirten unterhalten *(kochart.tirol).* 🕮 *M–O3*

3 HEXENWASSER SÖLL

22 km/30 Min. mit dem Auto, dann 15 Min. mit der Bahn

Von der Quelle bis zur Mündung erfahren Kleine und Große, wie Wasser quillt, sprudelt und Wellen schlägt. Im Hexenwald und am Hexenbach können sich Kinder in Hexen verwandeln und auf einem Besen reiten. Den Rundparcours *(1 ½ Std.)* auf dem Hochsöll erreichst du mit der Gondel. *Ende Mai–Mitte Okt. tgl. 9–17 Uhr | Kombiticket Erw. 34, Kinder 17 Euro (ab 13 Uhr günstiger) | hexenwasser.at |* 🕮 *N2*

4 SANKT JAKOB IN HAUS

25 km/30 Min. (Auto)

Viele Gipfelkreuze sieht man ja erst, wenn man vor ihnen steht. Das *Jakobskreuz auf der Buchensteinwand (Mitte April–Anfang Nov. tgl. 9–17 Uhr | Berg-/Talfahrt mit Eintritt Jakobskreuz 28 Euro | bergbahn-pillersee.com)* mit seinen 30 m Höhe ist aber auch aus dem Tal nicht zu übersehen. Es ist begehbar. 🕮 *P2*

KUFSTEIN

(📖 N1–2) **Mächtig thront die Festung mit ihrem runden Kaiserturm über Kufstein, der zweitgrößten Stadt Tirols (20 000 Ew.).**

Eine Fachhochschule macht Kufstein zur zweiten Tiroler Universitätsstadt. Und das merkt man inzwischen auch. Keine Tiroler Stadt, abgesehen von Innsbruck, hat sich in den letzten Jahren so dynamisch entwickelt. Die Lokal- und Kleinkunstszene in der Fußgängerzone am Unteren Stadtplatz und rund um sie herum blüht.

SIGHTSEEING

FESTUNG KUFSTEIN ★ ⚑

Der König und spätere Kaiser Maximilian I. hatte einen etwas seltsamen Humor. Als er 1504 die damals 300 Jahre alte Festung belagerte, hieß eine der Kanonen, mit denen er die fetten Mauern beschoss, „Weckauf". Als er die Burg schließlich den Bayern entrissen hatte, ließ er sie erst einmal ausbauen.

Mit der Panoramabahn oder zu Fuß kommt man hinauf zum 26 000 m² großen Areal. Im *Kaiserturm,* dem ehemaligen Gefängnis, kannst du die engen Zellen begutachten. Besonders schön ist die *Heldenorgel,* mit 4300 Pfeifen und 36 Registern die größte Freiorgel der Welt. Täglich kurz nach 12 Uhr wird sie gespielt, zum Gedenken an die Gefallenen des Ersten Weltkriegs. *Im Sommer tgl. 10–17, im Winter 10–16 Uhr | Kombiticket Eintritt/Panoramabahn Sommer 14 Euro, Winter 13,50 Euro | festung.kufstein.at | ⏲ 2 Std.*

Kaiserturm und Heldenorgel: dramatische Stimmung über der Festung Kufstein

NÄHMASCHINENMUSEUM

Josef Madersperger erlebte zu Beginn des 19. Jhs. ein echtes Erfinderschicksal, das in seinem Geburtshaus nacherzählt wird: Er baute 1814 die erste Nähmaschine, abkaufen wollte sie ihm aber niemand. Und so verschenkte er den Prototyp. *Tgl. 10–17 Uhr | Eintritt freiwillige Spende | Kinkstr. 16 | 30 Min.*

RÖMERHOFGASSE

Die Gasse mit den kunstvollen Malereien auf den Fassaden der Häuser ist der schönste Teil der Kufsteiner Altstadt. Quer über die Straße verbindet ein Bogen zwei Häuser miteinander. Er gehört zum Gasthaus *Auracher Löchl (Mo–Fr 17–21.30, Sa, So 12–21.30 Uhr | Römerhofgasse 3–5 | Tel. 05372 62138 | auracher-loechl.at | €€).* In dem über 500 Jahre alten Haus mit Holzvertäfelungen erdachte Karl Ganzer 1947 das Kufsteinlied. Im Auracher Löchl befindet sich auch der *Stollen 1930:* Die trendige Bar verfügt angeblich über die größte Ginsammlung der Welt.

Hat den Altstadtbogen raus: die Römerhofgasse mit ihren Fassadenmalereien

HECHTSEE

Der Hechtsee, einer der wärmsten Badeseen Tirols, ist eingerahmt von einem herrlichen Bergpanorama. Er liegt am Fuß des *Thierbergs,* auf dem eine *Burg (April–Nov. tgl. 8–18 Uhr | Eintritt frei)* aus dem 13. Jh. thront. Dort wohnt der letzte Einsiedler Tirols, im Turm ist ein kleines Museum der Thierberger Schützen untergebracht. Der Ausblick aus 720 m Höhe ist wahrhaft gigantisch.

ESSEN & TRINKEN

BRÄUSTÜBERL KUFSTEIN

Im Wirtshaus wird traditionelle Küche mit frisch gezapftem Hofbräu-Bier kredenzt. *Mo–Sa 10–14.30 und 17–23 Uhr | Oberer Stadtplatz 5a | Tel. 0676 4 40 65 23 | €–€€*

PURLEPAUS

Das Restaurant ist nach dem zweiten Geschütz von Kaiser Maximilian, das Kufstein beschoss, benannt. Kein Wunder, dass dort auch Kanonenkugeln auf der Karte zu finden sind – das sind Gerichte für mehrere Personen. Das Ambiente schwankt zwischen antik und ritterlich, das Preis-Leistungs-Verhältnis ist ausgezeichnet. *Mi–So 11.30–21 Uhr | Unterer Stadtplatz 18 | Tel. 05372 6 36 33 | restaurant-purlepaus.at | €€*

SHOPPEN

GLASHÜTTE RIEDEL

Bei einer Werksführung durch die Glashütte siehst du, wie die exklusiven Riedel-Gläser hergestellt werden – die du dann im Outlet kaufen kannst. *Mo–Fr 9.30–16 Uhr | Weissachstr. 28–34 | Tel. 05372 6 48 96 | riedel.com*

SPORT & SPASS

ADVENTURE CLUB KAISERWINKL

Entspannung oder doch lieber Abenteuer? Harmlose Flusswander- und turbulente Raftingtouren auf der *Kössener Ache. Hüttfeldstr. 65a | Kössen | Tel. 05375 2 90 00 | ack-koessen.at*

FREIZEITPARK SALVENALAND

Namensgeber ist der Berg Hohe Salve wegen seiner beeindruckenden Optik. Hier in Hopfgarten erfreut man sich im Sommer am Badesee, am Schwimmbad und am Freizeitpark *(im Sommer tgl. 9–19 Uhr | Tageskarte Badesee 7,70 Euro | Kelchsauerstr. 27 | Tel. 05335 22 00 | salvena-land.at)* mit Minigolfplatz, Sommerrodelbahn und Pumptrack. Zum Essen geht's ins *Michele (Tel. 0533 54 06 90 | €–€€).*

KLETTERSKULPTUR KRAFTWERK KUFSTEIN

Die 20 m hohe, schräg anmutende Skulptur an der B 171 neben dem Innkraftwerk Kufstein/Langkampfen ist eine der schönsten Outdoor-Kletteranlagen in Tirol. *Bis 22 Uhr beleuchtet | Eintritt frei*

WANDERN

INSIDER-TIPP **Da stört kein Auto**

Im *Kaisertal* bei Ebbs gab es bis vor wenigen Jahren keine befahrbare Straße und daher auch keine Autos. Auch heute kannst du das schöne Wandergebiet fast autofrei genießen, denn die Zufahrt ist nur mit besonderer Genehmigung gestattet. Darum musst du auch 285 Stufen erklimmen, um ins Tal zu kommen, das den Zahmen vom Wilden Kaiser trennt. Der leicht begehbare Wanderweg führt direkt am Kaiserbach entlang bis zum Hans-Berger-Haus beim Talschluss.

RUND UM KUFSTEIN

5 EBBS

9 km / 12 Min. von Kufstein (Auto)

Schon seit 1947 besteht der *Fohlenhof Ebbs (tgl. 9–17 Uhr | Besichtigung 10 Euro | Haflingershow 14 Euro | Schlossallee 31 | haflinger-tirol.com),* die wichtigste Haflingerzucht der Welt. Du kannst reiten lernen oder in der Kutsche fahren. Im Sommer findet jeden Freitagabend eine Gestütsparade statt.

Nicht weit vom Gestüt liegt der *Raritätenzoo Ebbs (Juni–Aug. tgl. 9–18, April/Mai, Sept.–Nov. 10–18 Uhr | Eintritt Erw. 11, Kinder 4–16 J. 6 Euro, nur Barzahlung | Kruckweg 20 | raritaeten zoo.at | 2 Std.).* 500 exotische Tiere aus 70 verschiedenen Arten leben hier auf einem 20 000 m² großen Gelände. Highlight sind die frechen Berberaffen, die gefüttert werden dürfen. Damit du Sack und Pack für die Kinder mitnehmen kannst, gibt es für 2 Euro einen Bollerwagen zu mieten. *N1*

INSIDER-TIPP
Mit dem Bollerwagen unterwegs

6 WALLFAHRTSKIRCHE MARIASTEIN

13 km / 15 Min. von Kufstein (Auto)

Der 42 m hohe Bergfried (Burgturm) ragt zwischen Wörgl und Kufstein (13 km) steil in den Himmel. 142 Stufen musst du emporsteigen, um zur *Gnadenkapelle* zu gelangen. Dort hängt das berühmte gotische Muttergottesbild, das Wallfahrer aus dem deutschsprachigen Raum anlockt. Im unteren Teil kannst du das *Schlossmuseum (auf Anfrage im benachbarten Mariasteinerhof)* besuchen, mit seinen Tiroler Landesinsignien: Zepter und Erzherzogshut. *30 Min.* | *M2*

Wer kommt denn da zu Besuch? Neugieriger Empfang im Zillertal

7 WILDSCHÖNAU

25 km / 40 Min. von Kufstein (Auto)

In der Nähe von Wörgl befindet sich dieses 24 km lange, beschauliche Tal mit mehreren Weilern, vier Kirchdörfern und mehr als 250 Bergbauernhöfen. Hier gehören dir beim Wandern die Kitzbüheler Alpen noch ganz alleine. *M–N 2–3*

MAYRHOFEN & ZILLERTAL

(L3–5) **Das Zillertal ist eines der beliebtesten Ziele Tirols: im Winter eines der größten Skisportgebiete, im Sommer perfekt für Familien.**

Früher kam man nur mit der dampfgetriebenen Zillertalbahn von Jenbach aus schnell ins Tal. Mittlerweile fährt auf den Schmalspurgleisen auch eine moderne Version, die trotz der Schnellstraße häufig genutzt wird. Die saftigen Wiesen auf den flacheren Hängen im vorderen Tal sind ideal zum Wandern. Mayrhofen (4000 Ew.), malerisch gelegen zwischen den Dreitausendern der Zillertaler und Tuxer Alpen, ist der wichtigste Tourismusort des Tals und Endpunkt der 32 km langen Zillertalbahn.

SIGHTSEEING

FÜGEN

Fügen (4300 Ew.), malerischer Ort mit viel Party im Winter, war durch seinen Bergbau einst der wichtigste Ort im Zillertal. Das Lied „Stille Nacht" entstand zwar in Salzburg, verbreitet wurde es aber durch Händler- und Sängerfamilien aus dem Zillertal. Wie das wohl bekannteste Weihnachtslied um die Welt ging, erfährst du im *Heimatmuseum* *(Di–Fr 14–17 Uhr | Eintritt 5 Euro | Lindenweg 2 | hmv-fuegen.at | 30 Min.). L4*

INSIDER-TIPP **Ein Lied auf Weltreise**

ERLEBNISSENNEREI ZILLERTAL

Hier erfährst du bei Führungen mit Audioguides, wie die Löcher in den Käse kommen, probierst dich durch cremige Joghurts und besuchst den Schaubauernhof. Zuweilen gibt es sogar Musikbegleitung. *Mo–Fr 9–17 Uhr | Eintritt 14,50 Euro | Hollenzen 116 | Mayrhofen | erlebnissennerei-zillertal.at | 1–2 Std. | L5*

SCHLEGEISSPEICHER

Der Stausee (1800 m) ist Ausgangspunkt für viele Wanderungen. Von *Ginzling* führt die 13 km lange, malerische Schlegeisalpenstraße vorbei an Wasserfällen und durch vier Natursteintunnel *(Mai–Okt. offen | Maut 15,50 Euro)*. Die Staumauer bietet ein Feuerwerk an Attraktionen: Darf es eine Führung in der Staumauer sein, Action beim Kinderkletterparcours oder lieber der Flying Fox in 131 m Höhe? *schlegeis131.at | K6*

INSIDER-TIPP **Nervenkitzel erleben**

TUXERTAL

Der *Hintertuxer Gletscher* ist das einzige Ganzjahresskigebiet Österreichs. Er liegt am Ende des Tuxertals, der hochalpinen Fortsetzung des Zillertals, das von Mayrhofen 800 m bis Hintertux ansteigt. Die Hauptorte sind *Finkenberg* (1500 Ew.) und *Tux* (2000 Ew.). Das Innere des Gletschers erlebst du – auch mit Bootstour – im *Natur Eis Palast (tgl. 10.30–14.30 Uhr stdl., Onlinereservierung empfohlen | Eintritt ab 39 Euro | Bergstation Gletscherbus | Tel. 067 63 07 00 00 | natureispalast.info)*. Im Herbst bietet der *Finkenberger Schaf- und Haflinger-Almabtrieb* einen schönen Kontrast zum Kuh-Almabtrieb im Rest Tirols. Eines der schönsten Wellnesshotels in Tirol ist das *Hotel Alpenhof (63 Zi. | Hintertux 750 | Tel. 05287 85 50 | €€€)* in Tux, unter anderem mit Bergblicksauna. *K–L5*

ZILLERTALER HÖHENSTRASSE

Der Ausblick von der 48 km langen Panoramastrecke von Ried bis Hippach ist atemberaubend! Der höchste Punkt liegt auf 2020 m. Die Straße führt vorbei am *Alpengarten bei Kaltenbach,* wo seltene heimische Gebirgsblumen wachsen. *Mai–Okt. | Maut 8 Euro | Auffahrten in Ried, Kaltenbach, Aschau, Zellberg, Hippach | zillertaler-hoehenstrasse.com | L5*

ESSEN & TRINKEN

KRISTALLHÜTTE

Trendige, internationale Küche in edlem Ambiente auf 2147 m. Tolles Bergpanorama. In Kaltenbach, im Skigebiet Hochzillertal. *Wintersaison tgl., Sommersaison Do–So | Anfahrt über Zillertaler Höhenstraße oder zu Fuß (ca. 40 Min.) | Tel. 0676 88 63 24 00 | kristallhuette.at | €€–€€€*

LANDGASTHOF LINDE

Die Linde ist ein mehrfach ausgezeichnetes Landgasthaus und Hotel in Stumm. Gekocht wird hier fast ausnahmslos regional, das Gemüse kommt sogar aus dem hauseigenen Anbau. Serviert werden die Speisen auch unter den Bäumen im Obstgarten. Das ist Sommerfrische wie vor 100 Jahren! *Mi–So 11.30–13.30 und 17.30–21 Uhr | Dorf 2 | Tel. 05283 22 77 | landgasthof-linde.at | €€–€€€*

INSIDER-TIPP
Speisen wie im eigenen Garten

SPORT & SPASS

BADESEE REITH

Im Zentrum von Reith im Alpbachtal liegt einer der kleinsten Badeseen Tirols, auch das „Blaue Auge von Reith" genannt: große Liegewiese und viel Platz zum Spielen und Planschen. Im Sommer gibt's mittwochs um 8 Uhr Yoga. *Eintritt 5 Euro, Kinder bis 10 J. gratis | Dorf 26*

FREIZEITPARK ZELL

Das 45 000 m² große Areal macht seinem Name alle Ehre. Hier gibt es Beachvolleyball, Tennis, Minigolf, Kegeln, ein Erlebnisschwimmbad und einen Kinderspielplatz. *Tgl. 10–22 Uhr | Preis je nach Aktivität | Schwimmbadweg 7 | Tel. 05282 49 46 11 | freizeitparkzell.at*

MOUNTAIN SPORTS ZILLERTAL

Rafting, Kajak oder Canyoning im Fluss Ziller in Mayrhofen. *Hollenzen 75 | Tel. 0664 3 12 02 66 | mountain-sports-zillertal.com*

Im Landgasthof Linde werden die regionalen Speisen im Garten serviert

ZILLERTALRADWEG

Der Radweg für die ganze Familie führt zwei Stunden ohne große Höhenunterschiede neben der Zillertalbahn entlang von Strass bis Mayrhofen. Infos unter *zillertal.at*

WELLNESS

ERLEBNISTHERME ZILLERTAL

Sauna mit Stimmungslicht, Dampfbäder, Massagen – bei diesen Angeboten kannst du herrlich entspannen, während die Kinder auf der längsten Wasserrutsche Westösterreichs toben. *Therme tgl. 10–22, Sauna Dez.–Mai tgl. 13–22, Juni–Nov. Mi–So 15–22, Freibad Mai–Sept. tgl. 10–19 Uhr | Kombikarte Therme/Freibad ab 17,30 Euro | Badweg 1 | Fügen | Tel. 05288 6 32 40 | erlebnistherme-zillertal.at*

AUSGEHEN & FEIERN

FÜGENER BADWANDL

Disko, Bar und Lounge für jeden Geschmack. *Di–Fr ab 16 Uhr, Sa, So ab 14 Uhr | Badweg 3 | Fügen | bawa.at*

RUND UM MAYRHOFEN & ZILLERTAL

8 ACHENSEE

30 km / 50 Min. von Mayrhofen (Auto)

Langsam schnauft die alte, dampfbetriebene ★ *Achensee-Zahnradbahn (Hin- und Rückfahrt Jenbach–Seespitz 42 Euro | achenseebahn.at)* aus dem

Seefahrt mit Bergen: Auf Ausflugsschiffen geht es über den Achensee

Jahr 1889 von Jenbach zum größten See Tirols. Am Seespitz kannst du auf eins der vier Ausflugsschiffe der *Achenseeschifffahrt (Mai–Okt. | Rundfahrt 27,50 Euro)* umsteigen. Steig bei der *Gaisalm* aus, die nur zu Fuß oder mit dem Schiff erreichbar ist, und genieß hier ohne Zivilisationslärm eine Tasse Kaffee.

Das *Posthotel (Achenkirch 382 | Tel. 05246 65 22 | posthotel.at)* in Achenkirch wurde zum besten Wellnesshotel Österreichs gewählt. Es erwarten dich unter anderem mehrere Pools, zwei Solebecken und ein versunkener asiatischer Tempel als Saunabereich. Und im 50 000 m² großen *Achensee Atoll (tgl. 10–22 Uhr | Eintritt Schwimmbad ab 13 Euro | Achenseestr. 63 | atoll-achensee.com)* in Maurach kannst du nach Lust und Laune schwimmen, saunieren und klettern. *K–L 2–3*

9 KRAMSACH

40 km / 50 Min. von Mayrhofen (Auto)

Im sogenannten Seendorf Tirols (5000 Ew.) findest du zahlreiche Badeseen. Auf dem *Museumsfriedhof (Hagau 81)* stehen alte Grabkreuze mit launigen Inschriften wie „Hier schweigt Johanna Vogelsang, sie zwitscherte ein Leben lang". Für das *Freilichtmuseum Tiroler Bauernhöfe (Mai–Sept. tgl. 9–18, April, Okt. 9–17 Uhr | Eintritt 12 Euro | Angerberg 10 | museum-tb.at | 1 ½ Std.)* wurden 14 Höfe aus dem Land abgetragen und hier wieder aufgebaut. *L3*

10 RATTENBERG ★

40 km / 45 Min. von Mayrhofen (Auto)

Die kleinste Stadt Österreichs und der wahrscheinlich malerischste Ort Tirols liegt am Fuß des Stadtbergs, der im Winter die Sonne verdeckt. Deswegen planten die Bürger, riesige Spiegel an der anderen Talseite zu montieren und so die Häuser mit Sonnenstrahlen zu fluten. Doch das ehrgeizige Projekt wurde auf Eis gelegt.

Rattenbergs mittelalterliche Altstadt ist eine einzige Fußgängerzone und perfekt zum Bummeln. Im alten *Augustinerkloster (Mai–Okt. tgl. 10–17 Uhr | Eintritt 6 Euro | Klostergasse 95 | augustinermuseum.at | ⏲ 1 Std.)* siehst du sakrale Kunst und die große Klosterkirche. Die Burgruine auf dem Stadtberg war einst die zweitgrößte Burg Tirols. Sie dient heute als malerische Bühne für Theateraufführungen.

Rattenberg ist ein Zentrum der Glasbläserkunst. In vielen kleinen Geschäften kannst du nicht nur Figuren und Vasen kaufen, sondern auch die Gelegenheit nutzen, den Glasbläsern beim Arbeiten über die Schultern zu schauen. Im *Restaurant Malerwinkel (Di 17–21, Mi–So 11.30–21 Uhr | Pfarrgasse 92–93 | Tel. 05337 2 09 91 | malerwinkel-rattenberg.at | €€)* sitzt man im Bauch des Bergs und genießt Tiroler Kost. *🕮 L3*

11 ALPBACH

42 km/50 Min. von Mayrhofen (Auto)

Hier treffen sich jeden Sommer ab August die Spitzen aus Politik, Gesundheit, Wirtschaft und Finanzen zum Europäischen Forum. Ansonsten ist das Dorf beschaulich, die Häuser sind alle im selben Stil gebaut, unten gemauert, oben mit hölzernem Aufbau und vor allem vielen Blumen auf den Balkonen. Eines der Häuser in Hinteralpbach stammt aus dem Jahr 1638, bis 1952 war es noch bewohnt. Tiere leben immer noch im Stall, im Rest des Hauses ist ein *Bergbauernmuseum (nur im Sommer geöffnet | Eintritt 3 Euro | Tel. 05336 52 24 | Vorder-Unterberg | Alpbach 34 | ⏲ 1 Std.)* untergebracht. *🕮 M3*

SCHWAZ

(🕮 K3–4) **Die ehemalige Silberstadt Schwaz (14 000 Ew.) war im 15. und 16. Jh. die größte Bergbaustadt Europas.**

Wo früher bis zu 3000 Tonnen Silber und 57 000 Tonnen Kupfer pro Jahr abgebaut wurden, liegt heute ein geschäftiges kleines Städtchen. Der historischen Altstadt und den interessanten Museen solltest du unbedingt einen Besuch abstatten.

SIGHTSEEING

ALTSTADT

Der imposante Bau am Ende der Fußgängerzone ist die *Pfarrkirche Maria Himmelfahrt.* Die größte gotische Hallenkirche Tirols zeugt vom Reichtum der einstigen Bergbaustadt: 15 000 Kupferschindeln wurden auf dem Dach verbaut, die Kirche ist komplett aus Schwazer Dolomit. Spazier beim Stadtbummel durch die Ludwig-Penz-Straße zum *Fuggerhaus.* Der Augsburger Kaufmann Ulrich Fugger baute es im 16. Jh., um seinen Weltkonzern von Schwaz aus zu leiten. Unterhalb

Am Stanser Bach in der herbstlichen Wolfsklamm

des Fuggerhauses steht das *Franziskanerkloster* von 1507. Die Holztür rechts neben dem Kirchentor führt zum beeindruckenden Kreuzgang des Klosters.

MUSEUM DER VÖLKER

Das Museum der Völker hat seine Schwerpunkte zwar auf Afrika und die buddhistische Kunst Asiens und nicht aufs Alpenländische gelegt. Aber wenn du näher hinschaust, wirst du feststellen, dass manche alten Traditionen da wie dort sehr ähnlich sind. Ein spannender Einblick, der sich lohnt. Mit angeschlossenem Café und Museumsshop. *Do–So 10–17 Uhr | Eintritt 9 Euro | Sankt Martin 16 | museumdervoelker.com | ⏲ 1 Std.*

SCHWAZER SILBERBERGWERK ★

Um 1500 regierte das Silber aus Schwaz die Welt. Heute ist längst Schicht im Schacht – außer für Besucher. Ein Führer begleitet dich durch einen Teil des mehr als 500 km langen Stollensystems. Spannend wird es, wenn gesprengt wird und ein plötzlicher Wassereinbruch im Stollen die Gefahr unter Tag simuliert. Im Bergwerk ist es kalt, unbedingt eine Jacke mitbringen! *Mai–Sept. tgl. 9–17, Okt.–April 10–16 Uhr | Eintritt 20 Euro | Alte Landstr. 3a | silberbergwerk.at | ⏲ 2–3 Std.*

ESSEN & TRINKEN

GASTHOF SCHLOSS MITTERHART

In dem Schlösschen aus dem 16. Jh. lässt es sich heute hervorragend essen und schlafen. Die regionale Küche des Restaurants wird unter anderem durch Gewürze aus dem eigenen Kräutergarten verfeinert. Im Sommer ist besonders der herrliche Garten am Innufer ein Erlebnis. *Di–Sa 11.30–20.30 Uhr | Innhöfe 3 | Tel. 05242 6 32 85 | schloss-mitterhart.at | €€*

SHOPPEN

HEILSTEINE

Du musst ja nicht unbedingt an ihre heilende Wirkung glauben, aber schön sind die hier dargebotenen Mineralien unbestritten – von riesigen Bergkristallen bis zum Amethyst. *Martin-Wintersteller-Gasse 4 | heilsteine.com*

AUSGEHEN & FEIERN

EREMITAGE

Seit 1974 hat sich die Eremitage nicht nur zu einem der besten Jazzlokale in Westösterreich entwickelt, sondern auch Weltruhm in der Szene errungen. Unter anderem traten hier Stars wie Meredith Monk, Lester Bowie oder Chick Corea auf. Hingehen und schauen, wer einem über den Weg läuft. Ach, und etwas zu essen bekommt man auch. *Di–Fr 11–14 und 17–23, Sa nur 17–23 Uhr | Innsbrucker Str. 14 | Tel. 05242 6 52 51 | eremitage.at*

INSIDER-TIPP
Wenn Jazz, dann nur hier

RUND UM SCHWAZ

12 WOLFSKLAMM & SANKT GEORGENBERG

3 km / 5 Min. von Schwaz nach Stans (Auto)

Über den 100 Jahre alten *Klammweg (Gehzeit ca. 1 Std.)* geht es von Stans entlang schroffer Felsen vorbei an Wasserfällen durch die ★ *Wolfsklamm (Mai–Okt. tgl. 9–16 Uhr | Eintritt 6 Euro | wolfsklamm.tirol)* – ein einmaliges Naturerlebnis. Ziel des interessanten und schönen Ausflugs ist der älteste Wallfahrtsort Österreichs, das mehr als 1000 Jahre alte Benediktinerstift *Sankt Georgenberg*. Zurück geht es über den Wallfahrtsweg. *K3*

13 SCHLOSS TRATZBERG

6 km / 10 Min. von Schwaz (Auto)

Bitte nicht einfach nur vorbeifahren! Noch heute wohnt eine Grafenfamilie im Jagdschloss aus dem 15. Jh. Per Audioguide wirst du von Raum zu Raum geführt und erfährst etwas über die Geschichte des Schlosses. Für Kinder gibt es ein eigenes Hörspiel. *Ende März–Anfang Nov. Do–So 10–16 Uhr | Eintritt 14,50 Euro | Onlinereservierung empfohlen | schloss-tratzberg.at | 2 Std. | K–L3*

SCHÖNER SCHLAFEN IM UNTERLAND

SCHLAFEN IN BLOCKHÜTTEN

Rustikal und gemütlich wohnst du in einer der 16 Blockhütten im *Almdorf Wildschönau (Niederau 168 | Tel. 0664 3 00 60 81 | almdorftirol.com | €–€€)*. Zur Anlage gehören auch Pool, Sauna und eine Grillhütte.

AUSBLICK IN HD

Hier auf 1330 m ist alles bio. Von einzelnen Zimmern im *Naturhotel Grafenast (24 Zi. | Pillbergstr. 205 | Hochpillberg | Tel. 05242 6 32 09 | grafenast.at | €€–€€€)* aus hast du einen Blick in das Tal wie auf eine Kinoleinwand.

OSTTIROL

DIE ENTDECKUNG DER LANGSAMKEIT

Auch wenn es im Salzburgischen noch regnet: Sobald du im Süden aus dem Felbertauerntunnel rausfährst, lacht der Himmel. Denn nicht umsonst ist Osttirol der sonnigste Bezirk des Landes.

Wie überhaupt vieles anders ist in dieser Gegend. Oft sieht es so aus, als hättest du eine Zeitreise unternommen – besonders in den Seitentälern von Drau und Isel. Abseits der Straße stehen alte Bauernhäuser, wie man sie heute kaum noch sieht. Osttirol strahlt eine Ur-

Einfach wanderbar: der Nationalpark Hohe Tauern

sprünglichkeit aus, die einzigartig ist und sofort angenehm ins Auge fällt: keine überdimensionalen Skischaukeln, keine modernen Touristenattraktionen. Vielmehr prägt eine gemütliche Schlichtheit dieses Land, das politisch zwar als neunter Bezirk Tirols fungiert, aber durch einen Salzburger-Südtiroler Landstreifen von seinem Mutterland getrennt ist. Das führt bei den Bewohnern auch manchmal zu dem Gefühl, von der Landespolitik benachteiligt und nicht richtig verstanden zu werden.

OSTTIROL
Außergschlöß
Innergschlöß
108
Gruben
Hinterbichl
Proßegg
Umbalfälle
Virgental 6
Matrei in Osttirol
Virgen
S. 113
St. Veit in Defereggen
Hopfgarten in Defereggen
7 Defereggental
8 Staller Sattel
ÖSTERREICH
TIROL
St. Magdalena - Santa Maddalena in Casies
St. Martin - San Martino in Casies
Innervillgraten
Villgratental 4
Außervillgraten
Pichl - Colle
Heinfels
Abfaltersbach
Sillian
Strassen
Aufkirchen - Santa Maria
Wahlen - Valle San Silvestro
Wichtelpark Sillian 3
111
Niederdorf - Villabassa
Toblach - Dobbiaco
Innichen - San Candido
SS49
Kartitsch
SS52
Sexten - Sesto
ITALIEN
Moos - Moso
4 km
2.49mi

MARCO POLO HIGHLIGHTS

★ **SCHLOSS BRUCK**
Eindrucksvolle Ausstellung von Werken des Tiroler Malers Albin Egger-Lienz ➤ S. 108

★ **AGUNTUM**
Entdecke bei Lienz die einzige Römerstadt auf Tiroler Boden ➤ S. 109

★ **TRISTACHER SEE**
Ab ins Wasser – am einzigen Badesee Osttirols ➤ S. 112

★ **KALS AM GROSSGLOCKNER**
Tolles Panorama mit Sicht auf Tirols höchsten Berg ➤ S. 116

★ **UMBALFÄLLE**
Die Kraft der Natur: spektakuläre Wasserfälle ➤ S. 117

LIENZ & DAS PUSTERTAL

(🕮 O–Q8) **Das Hochpustertal, wie der Osttiroler Teil des Tals genannt wird, zieht sich von Sillian an der Südtiroler Grenze bis nach Lienz.** Das Tal bietet Ruhe und Erholung durch seine Abgeschiedenheit und Ursprünglichkeit. Lienz (12 000 Ew.) hingegen ist ein emsiges, mediterran anmutendes Städtchen, das mit einer schönen Altstadt, vielen Einkaufsmöglichkeiten und gemütlichen Bars glänzt.

SIGHTSEEING

ALTSTADT LIENZ

Wo Isel und Drau zusammenfließen, legten die Grafen von Görz eine Siedlung an – rund um den heutigen Lienzer *Hauptplatz*. Die Stadt brannte mehrmals ab, heute stammen daher viele Gebäude aus der Zeit nach dem Zweiten Weltkrieg. Den Abschluss des dreieckigen Hauptplatzes bildet der Zwiebelturm der im 17. Jh. umgebauten Kirche *Sankt Antonius von Padua*. Die *Liebburg* mit den zwei Türmen war ehemaliger Grafenwohnsitz und beheimatet heute das Rathaus. Nördlich des Platzes liegt das *Alte Spital* mit der Spitalskirche aus dem 13. Jh. Gleich daneben steht ein Teil der *Stadtmauer* mit dem Iselturm. *🕮 Q8*

ATELIER HANS SALCHER

Um einen Mountainbiker darzustellen, braucht der bekannte Maler gerade einmal sieben Pinselstriche. Nachmittags lässt er sich an Werktagen gern über die Schulter schauen. Staunen kostet nichts, kleinere Bildchen von Salcher, der sich auch als Autor betätigt, sind durchaus erschwinglich. *Mo–Fr 14–17 Uhr, nur nach Anmeldung | Mühlgasse 8 | Lienz | Tel. 066 44 42 06 67 | hanssalcher.com | 🕮 Q8*

STADTPFARRKIRCHE SANKT ANDRÄ & BEZIRKSKRIEGERDENKMAL

Die *Stadtpfarrkirche Sankt Andrä* ist die älteste Kirche in Lienz und wurde auf dem Fundament einer romanischen Kapelle aus dem 5. Jh. erbaut, deren Reste du in der Krypta sehen kannst. Wirf auch einen Blick auf den Friedhof: Die Gräber in den Arkaden sind reich bemalt, die Mauer stammt teils noch aus dem 15. Jh. Das Prunkstück aber ist die *Kriegergedächtniskapelle* von 1925. Dort ist der Maler Albin Egger-Lienz begraben. An den Wänden befindet sich sein Bilderzyklus „Sämann und Teufel", „Die Namenlosen", „Totenopfer" und „Der Auferstandene". So unmittelbar wirst du dem größten Künstler Osttirols nicht wieder begegnen. Die Kapelle ist Teil des *Albin-Egger-Lienz-Wegs*, der dich zu den wichtigsten Stationen im Leben des Malers führt und den du in rund zwei Stunden bewältigst. *Pfarrgasse 4, Schlüssel im Haus gegenüber*

INSIDER-TIPP: Kunst und Architektur genießen

SCHLOSS BRUCK ★

Die Grafen von Görz bauten das weithin sichtbare Schloss auf dem Schloss-

Die Altstadt rund um den Lienzer Hauptplatz ist jünger, als man denkt

berg und zogen 1278 ein. 1500 fiel es in den Besitz von Maximilian I. Das erste Stockwerk war früher Gerichtssitz, hier fand 1680 der letzte Osttiroler Hexenprozess statt. Seit 1943 ist das Schloss Museum und ein Muss für alle Fans des Tiroler Malers Albin Egger-Lienz. Seine größten Werke stehen neben einer Sammlung von Werkzeugen, die in der nahen Römerstadt Aguntum ausgegraben wurden. Besonders sehenswert: die gotischen Fresken in der Burgkapelle. *Juli, Aug. tgl. 10–18, Mai, Juni, Sept., Okt. Di–So 10–16 Uhr | Eintritt 10 Euro | Schlossberg 1 | Lienz | museum-schlossbruck.at | 1 ½ Std. | Q8*

AGUNTUM ★

Das hätte vermutlich auch keiner der früheren Bewohner gedacht: Heute rauscht der Verkehr mitten durch die 2000 Jahre alte Römersiedlung (ca. 4 km von Lienz). Sie war einst ein wichtiges Handelszentrum. Die doppelwandige Stadtmauer und das große Tor, durch das eine zweispurige Straße führte, sind noch gut zu erkennen.

Im 1250 m² großen *Atriumhaus,* dem Wohnhaus eines reichen Händlers, erfährst du viel über das Leben der Römer in den Alpen. Das Haus gilt als Sensation, denn noch nie wurde so weit nördlich ein Gebäude dieser Bauart entdeckt. Es werden auch Workshops für Kinder angeboten. Die alte Römerstadt ist noch längst nicht vollständig erforscht, es bleibt also spannend. *Jan.–April Mi 13–17, Mai–Okt. Di–So 10–16 Uhr | Eintritt 7 Euro | Römerstr. 1 | Dölsach | aguntum.at | 1 Std. | R8*

PUSTERTALER HÖHENSTRASSE

Die Auffahrt liegt kurz hinter Leisach, die Straße führt oberhalb des Hochpustertals am sogenannten Sonnenplateau entlang und bietet mit ihren Panoramaansichten eine tolle Abwechslung zur Hauptstraße. Kurz bevor es wieder hinab nach Abfaltersbach geht, zeigt sich *Schloss Anras,* das ab dem 13. Jh. Bischofs- und Gerichtssitz war und später im Stil des Barock erweitert wurde.

Das Haubenrestaurant im *Vital-Landhotel Pfleger (Do–Sa 18–21 Uhr, So 12–14 und 18–21 Uhr | Dorf 15 | Anras | Tel. 04846 62 44 | hotel-pfleger.at | €€)* ist ein Geheimtipp für leckere Osttiroler Schmankerln und traditionelle Gerichte mit raffinierter mediterraner Verfeinerung. P–Q8

ESSEN & TRINKEN

GASTHAUS GOLDENER FISCH

Der Fischerwirt bietet gutbürgerliche Küche. Spezialität des Hauses ist, wie der Name verrät, frischer Fisch aus Osttirol. *Mi–So 7–23 Uhr | Kärntner Str. 9 | Lienz | Tel. 04852 6 21 32 | goldener-fisch.at | €€*

GASTHOF GRIBELEHOF

Hier liegt dir Lienz zu Füßen: Auf dem Schlossberg wird österreichische Hausmannskost in einer Bauernstube aus dem Jahr 1771 kredenzt. Im gleichnamigen Hotel kann man auch übernachten. *Do–So 11.30–13.30 und 17.30–19.30 Uhr | Schlossberg 9–11 | Tel. 04852 6 21 91 | gribelehof.com | €€*

Immer einen guten Tropfen findest du in der Weinphilo in Lienz

HOTEL ANSITZ HAIDENHOF

Im Gewölbekeller dieses Hotels, der aus dem 11. Jh. stammt, bekommst du traditionelle Speisen in großen Töpfen und Pfannen serviert. Die Karte ist deftig-traditionell, das Ambiente ritterlich. Im Keller wird Bier selbst gebraut. *Tgl. ab 18 Uhr, für Nichthotelgäste nur mit Reservierung | Grafendorferstr. 12 | Lienz | Tel. 04852 6 24 40 | wildauers.tirol | €€*

GASTHOF TIROLERHOF

INSIDER-TIPP
Speisen mit Blick auf das „alte Rom"

Dieses Haus in der Ortschaft Dölsach ist etwas Besonderes: in den Hang hineingebaut, mit einer unglaublichen Aussicht auf Aguntum, Lavant und die Dolomiten. Die traditionelle Küche mit Produkten aus der Region richtet sich nach den Jahreszeiten – alles kommt zu seiner Zeit auf den Teller. Ein Gedicht ist das mehrgängige Überraschungsmenü. *Mi–So 11–22 Uhr | Wenzlplatz 2 | Tel. 04852 6 89 41 | tirolerhofdoelsach.at | €€*

SHOPPEN

STADTMARKT LIENZ

Obst, Gemüse, Speck, Schnaps und alles, was frisch ist, bekommst du auf dem Markt zu kaufen, auch viele Bioprodukte – eine gemütliche Flaniermeile! *Fr 13–18, Sa 8.30–12.30 Uhr | Messinggasse | stadtmarkt-lienz.at*

WEINPHILO

Hier findest du gute Weine. Probier am besten die Tropfen, die auf der Tafel angeschrieben sind – sie sind besonders empfehlenswert. *Messinggasse 11 | Lienz | Tel. 0664 5 01 36 58 | weinphilo.com*

SPORT & SPASS

BIKE ERLEBNIS OSTTIROL

Touren für Einsteiger und Fortgeschrittene mit Radguide. *Z. B. Dolomiti Bike Guide in Sillian | Tel. 0699 17 20 56 85*

EDDY RAFTING AUSTRIA

In einem Schlauchboot einen reißenden Gebirgsbach hinunterrauschen. *Ab 35 Euro | Ainet 9 | Ainet | neben der Bundesstraße | Tel. 0650 3 36 80 00 | eddyrafting.at*

GALITZENKLAMM

Am Wasserschaupfad geht es über Brücken hinein in die spektakuläre Klamm. Wer auf Abenteuer steht, wagt sich auf den Klettersteig, der ganz nah am tosenden Bach entlangführt. Am Wasserspielplatz kann man sich austoben und im Hochseilgarten die Schwindelfreiheit erproben – passend für alle Familienmitglieder. *Juni–Mitte Sept. 9–18, Mitte Sept.–Okt. 10–17 Uhr | Eintritt 8 Euro | Galitzenklamm 3 | Amlach | Tel. 0664 1 56 74 57 | galitzenklamm.info |* *Q8*

WELLNESS

AIGNER BADL

Das einzige erhaltene Bauernbadl Osttirols ist in einem alten Bauernhaus in Abfaltersbach untergebracht und besteht schon fast 250 Jahre. Gebadet wird in einem Bottich aus Lärchenholz. Deckel drauf, und schon

Reinste Bergbauernromantik im Villgratental: die Oberstaller Alm

kannst du im Kalziumsulfat-Wasser herrlich entspannen! Außerdem ist ein Bad im Aigner Badl gut für die Gesundheit: Es lindert unter anderem Rheuma, Gelenkschmerzen und Ischias und fördert darüber hinaus die Wundheilung. *Juni–Sept. Mo–Fr 10–22, Sa 10–18, So 11–22 Uhr | pro Bad 25 Euro | Abfaltersbach 13 (Drauradweg) | Tel. 0699 11 59 13 77 | aigner-badl.at |* *P8*

AUSGEHEN & FEIERN

HIMMELBLAU

Bar, in der Fingerfood aus verschiedenen Weltgegenden serviert wird. *Di–Sa 17–22 Uhr | Oberhuebergasse 6 | Lienz | himmelblau-lienz.at*

STÖCKL BAR PUB

Der perfekte Ort nach deinem aktiven Outdoortag: Bei einem Cocktail oder Aperol Spritz lässt du ihn in gemütlicher Atmosphäre ausklingen. *Tgl. ab 18 Uhr | Zwergergasse 2 | Lienz*

RUND UM LIENZ & DAS PUSTERTAL

1 TRISTACHER SEE ★

6 km / 10 Min. von Lienz (Auto)

Südlich von Lienz liegt in 830 m Höhe der einzige Badesee Osttirols, an seiner Ostseite gibt es ein beliebtes Strandbad. Eine halbe Stunde dauert es, den See zu Fuß zu umrunden.

Vom gleichnamigen Hotel am See führt ein Weg zum Naturdenkmal *Alter See (15 Min.)*, eine der letzten Moorlandschaften der Region mit einzigartiger Tierwelt. Schau erst ab der Mittagszeit vorbei, vorher gibt es keine Sonne. R8

INSIDER-TIPP
Sonnenbad in Moorlandschaft

2 LAVANT

10 km/15 Min. von Lienz (Auto)

Gleich hinter der ersten Kurve am Kirchbichl kommst du am *Archäologischen Museum (Ostern–1. Nov. tgl. 8–19 Uhr | Eintritt frei)* vorbei, in dem unter anderem Werkzeuge aus der Römerzeit ausgestellt sind. Auf dem Berg stehen zwei Kirchen: die spätgotische, rosarote *Sankt-Ulrichs-Kirche* (erbaut um 1500) und *Sankt Peter und Paul*. Von hier hast du einen herrlichen Ausblick über das Drautal und auf die Reste der alten Bischofskirche aus dem 5. Jh. Der Lavanter Kirchbichl ist heute noch ein beliebter Wallfahrtsort. *30 Min.* | R8

3 WICHTELPARK SILLIAN

31 km/30 Min. von Lienz (Auto)

Rutschen, Schaukeln, ein Minigolfplatz und im Wasser planschen – das alles und dazu noch einen Hochseilgarten findest du für die Kleinen in dem abwechslungsreichen Erlebnispark am Ortsrand von Sillian. *Mai–Okt. 9–20 Uhr | Eintritt frei | wichtel.at* | O–P8

4 VILLGRATENTAL

40 km/40 Min. von Lienz (Auto)

Ganz hinten im Tal liegt der abgeschiedene Ort *Innervillgraten*, bekannt durch die letzte große Wilderersaga Tirols: Anfang der 1980er-Jahre erschoss ein Jäger den Wilderer Pius Walder. Eines der besten Tiroler Gasthäuser ist der *Gannerhof (Mi–So ab 18.30 Uhr, Reservierung erforderlich | Innervillgraten 93 | Tel. 04843 5240 | gannerhof.at | €€€)*, ein Haubenlokal im Bergbauernstil, berühmt für seine Lammgerichte.

Wenn du gern Bergbauernromantik magst, ist die *Oberstaller Alm* genau der richtige Ort für dich: 19 urige Holzhütten und eine weiße Kapelle – mehr als 300 Jahre alt und unter Denkmalschutz – stehen in einer Siedlung zusammen auf 1864 m. Einige Hütten kann man mieten, z. B. bei *Ferienwohnungen & Almhütten Gutwenger (Hochberg 23 | Innervillgraten | Tel. 0664 1171926 | gutwenger.at | €)* – die Ausstattung ist sehr ursprünglich, vom Holzfeuerherd bis zu Plumpsklo und Petroleumlampen. O–P8

MATREI IN OSTTIROL

(P6) **Nicht zu übersehen: Dominiert vom mächtigen Turm der barocken Pfarrkirche Sankt Alban, des „Matreier Doms", liegt Matrei (4700 Ew.) mitten im Nationalpark Hohe Tauern.**

Der Ort ist eingebettet zwischen den zwei höchsten Bergen Österreichs: dem Großvenediger (3662 m) und dem Großglockner (3798 m). Seit Beginn des 20. Jhs. kommen Touristen hierher, um die klare Luft und das Bergpanorama zu genießen. Im Sommer präsentiert sich der kleine Ort verschlafen, im Winter wird Matrei zum Skiparadies.

SIGHTSEEING

NATIONALPARKHAUS

Auf mehrere Stockwerke verteilt informieren dich hier Multimediaausstellungen über den rund 1850 km² großen Nationalpark Hohe Tauern. Man sieht eine Schau über die Geschichte des Bergsports sowie einen kleinen Gebirgsbach, der mitten durchs Haus plätschert. Das größte Naturschutzgebiet im Alpenraum wurde mit seinen Natur- und Kulturlandschaften 1981 zum Nationalpark erklärt. Zum Programm gehören geführte Wanderungen und Skitouren. *Juli, Aug. tgl., Juni, Sept., Okt. und Dez.–März Mo–Fr, wechselnde Öffnungszeiten | Eintritt Ausstellung frei | Führungen (nach Anmeldung) 5 Euro | Kirchplatz 2 | hohetauern.at*

ZEDLACHER PARADIES

Übergroße schmiedeeiserne Tiere – zum Beispiel ein 3 m großer Bär – begleiten dich auf diesem Lehrpfad im Zauberwald zu Tieren, Pflanzen und Sagen. Besonders schön ist es hier im Herbst, wenn sich die Nadeln der Bäume gelb färben *(nach dem Ortszentrum Matrei rechts den Schildern folgen)*. Am Rand des Zedlacher Paradieses stehen der *Bartler- und der Innerkienzerhof (Zedlach 8–9 | Tel. 04874 56 09 | bartlerhof.at | €)*, urige Bio-Bergbauernhöfe mit Kneippanlage, Bauerngarten und Verkaufsräumen für die hofeigenen Produkte.

SANKT-NIKOLAUS-KIRCHE

Etwa 3 km von Matrei Richtung Virgen steht links an den Hang gebaut ein echtes Kleinod: die Sankt-Nikolaus-Kirche, ein vollständig erhaltener, ganz schlichter, romanischer Bau aus dem 12. Jh., in dem noch Freskenreste aus dieser Zeit zu finden sind.

INNERGSCHLÖSS

Am Matreier Tauernhaus beginnt die Wanderung zum schönsten Talschluss der Ostalpen. Linker Hand des Bachs verläuft ein breiter Fuhrweg, rechts ein kleiner Steig. Du nimmst den

An die 60 Dreitausender sieht man bei gutem Wetter auf dem Europa-Panoramaweg

Fuhrweg: Er führt vorbei an einer romantischen Felsenkapelle, die in den Berg hinein gebaut ist. Kuppel der Kapelle ist der nackte Fels. Innergschlöß ist eine lauschige Siedlung mit alten Almhütten, die im Sommer teils bewohnt sind oder vermietet werden. Rustikal speist man im *Alpengasthof Venedigerhaus (Pfingsten–Okt. | Tel. 04875 88 20 | venedigerhaus-innergschloess.at | €–€€).*

ESSEN & TRINKEN

RAUTER

Seit 30 Jahren Haubenlokal, führt das Rauter auf seiner Speisekarte traditionelle Spezialitäten wie Wild und Forellen. Es bietet aber auch für Osttirol ausgefallene Speisen an, etwa Hummer oder Gänseleber, und ein erlesenes Weinsortiment. *Tgl. 12–14 und 18–21 Uhr (Reservierung empfohlen) | Rauterplatz 3 | Tel. 0664 4 13 96 18 | rauterstube.at | €€–€€€*

KRÄUTERWIRTSHAUS STRUMERHOF

Hier verfeinern die „Kräuterhexen" bereits in zweiter Generation die ursprünglichen Speisen, dazu gibt es eine erlesene Auswahl an gediegenen Weinen – und das alles in 1500 m Höhe. Highlight ist das Lamm. *Juli–Okt. Fr, Sa 11–20, So 11–15 Uhr, sonst nach Voranmeldung | Hinteregg 1 | Tel. 04875 63 10 | strumerhof.at | €–€€*

SPORT & SPASS

EUROPA-PANORAMAWEG

Einer der schönsten Wanderwege in der Region ist der Europa-Panoramaweg. Mit der Goldried-Bergbahn geht es auf 2190 m. Von dort führt der Weg flach in ca. 2 Std. nach Kals. Der Pano-

Jetzt bloß nicht das Gleichgewicht verlieren: bei Kals am Großglockner

ramablick auf den Großglockner und 60 andere Dreitausender ist einmalig.

RADWANDERWEG ISELTAL

Matrei ist ein Bikerparadies, der Radwanderweg ist geeignet für die ganze Familie. Bei guter Kondition wählt man die 15 km lange Strecke über Zedlach zum Strumerhof (auf Asphalt, 500 Höhenmeter). Geübte Biker nehmen den 23 km langen Schotterweg zur Bergstation Goldried (1200 Höhenmeter).

REITSTALL MATREI

Kurse für Anfänger und Fortgeschrittene, auch Reittherapie wird angeboten. *Mo–Sa 9–12 und 14–18 Uhr | Gießstr. 3 | Tel. 0664 4 60 31 53*

AUSGEHEN & FEIERN

PIANO BAR

Den Abend lässt du in der Piano Bar ausklingen, einem beliebten Treffpunkt in Matrei. Bei Cocktails und Lounge-Musik ist gut chillen. *Tgl. | im Hotel Goldried | Goldriedstr. 15 | Tel. 04875 6 11 30 | goldried.com*

RUND UM MATREI IN OSTTIROL

5 KALS AM GROSSGLOCKNER ★

20 km / 25 Min. von Matrei (Auto)

Das urige kleine Örtchen in 1325 m Höhe liegt am Fuß des Großglockners

(3798 m), des höchsten Bergs Österreichs. Den schönsten Blick auf den Berg (und 60 weitere Dreitausender) hat man von der *Bergstation Blauspitz (Talstation Kals | 15 Min. Liftfahrt | Berg- und Talfahrt 29 Euro)* auf 2300 m – warm anziehen! *Q6*

6 VIRGENTAL

10 km / 10 Min. von Matrei nach Obermauern (Auto)

In der Ortschaft *Obermauern* steht eine spätgotische Kirche mit prachtvollen Fresken von Simon von Taisten aus dem 15. Jh. Ganz hinten im Virgental, bei Hinterbichl/Prägraten, liegen die beeindruckenden ★ *Umbalfälle*. Vom Parkplatz Ströden *(Tageskarte 8 Euro)* kannst du in einer halben Stunde bis zur Pebellalm und zur Islitzeralm spazieren oder eine Pferdekutsche nehmen. Dort beginnt der Wasserschaupfad. Die Wasserfälle sind im Frühjahr kurz nach der Schneeschmelze besonders beeindruckend. Auf verschiedenen Aussichtsplattformen kommt man ganz nah an die Katarakte heran. *O–P6*

7 DEFEREGGENTAL

30 km / 30 Min. von Matrei nach Sankt Jakob (Auto)

Das enge Tal ist ein beliebter Rückzugsort für Wanderer. Besonders frequentiert ist die Wanderung durch den *Oberhauser Zirbenwald*, den größten zusammenhängenden Zirbenbestand der Ostalpen. Er liegt in Sankt Jakob, dem ruhigen Hauptort des Tals. Nach einer anstrengenden Tour kannst du dich im 2000 m² großen Spabereich des Sport- und Wellnesshotels *Jesacherhof (Außerrotte 37 | Sankt Jakob in Defereggen | Tel. 04873 53 33 | jesacherhof.at)* – mit Sauna, Pools und Ruhezonen – verwöhnen lassen. *O–P7*

8 STALLER SATTEL

43 km / 1 Std. von Matrei (Auto)

Motorradfahrer machen gern einen Ausflug über den Staller Sattel nach Südtirol. Da die Straße auf der Südtiroler Seite hinunter ins Antholzertal aber einspurig ist, kannst du sie nur zur jeweils vollen Stunde für 15 Minuten benutzen. So lange wird der Verkehr am Pass angehalten.

INSIDER-TIPP
Kaffee verkürzt die Wartezeit

Die Wartezeit verkürzt du dir am besten mit einem Spaziergang um den Obersee direkt am Pass und mit einem Macchiato im dortigen *Rifugio*. Das phantastische Panorama wird gratis mitgeliefert. Der Pass ist meist von Mai bis Ende Oktober (je nach Schneelage) geöffnet. *N7*

SCHÖNER SCHLAFEN IN OSTTIROL

ÜBERNACHTEN OHNE GLOTZE

Im *Spiele- und Buchhotel Tschitschner (7 Zi. | Nikolsdorf 21 | Nikolsdorf | Tel. 04858 82 19 | spielehotel.at | €€)* gibt es keinen Fernseher, aber dafür jede Menge Spiele und Bücher. Da kannst du dir einmal eine technikfreie Zeit verordnen. Die gemütlich-modern eingerichteten Zimmer tragen Namen wie „Monopoly" oder „Backgammon".

ERLEBNIS TOUREN

Lust, die Besonderheiten der Region zu entdecken? Dann sind die Erlebnistouren genau das Richtige für dich! Ganz einfach wird es mit der MARCO POLO Touren-App: Die Tour über den QR-Code aufs Smartphone laden – und auch offline die perfekte Orientierung haben.

1 TIROL PERFEKT IM ÜBERBLICK

- Die Streif aus der Nähe sehen
- In Hall eine Münze prägen
- Rauf auf die Zugspitze

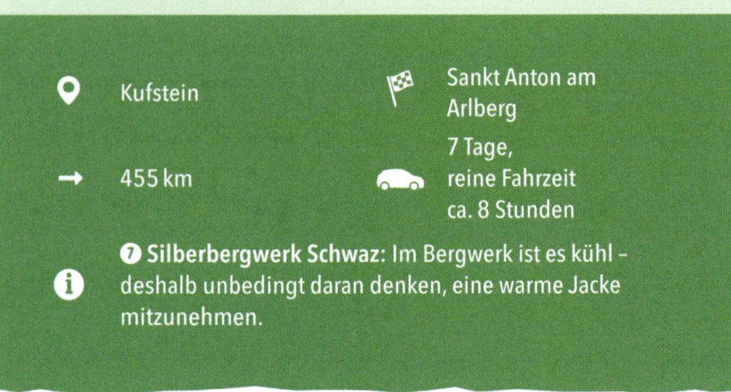

Kufstein

Sankt Anton am Arlberg

455 km

7 Tage, reine Fahrzeit ca. 8 Stunden

7 Silberbergwerk Schwaz: Im Bergwerk ist es kühl – deshalb unbedingt daran denken, eine warme Jacke mitzunehmen.

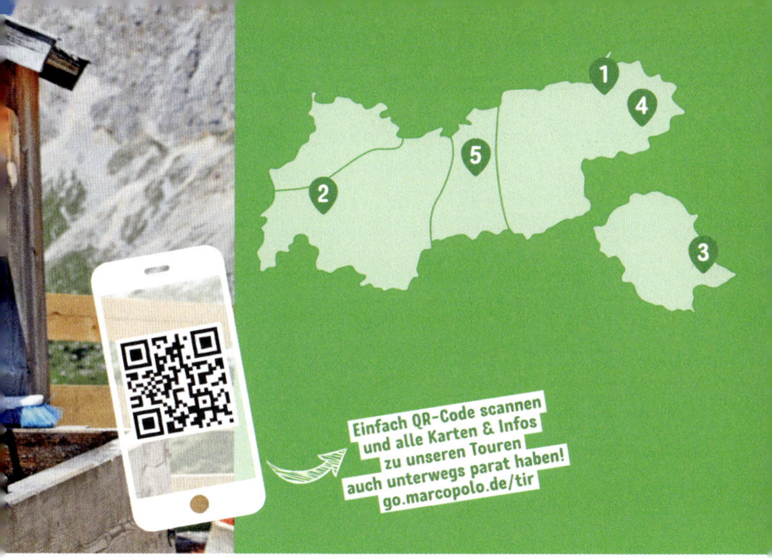
1
4
5
2
3
Einfach QR-Code scannen
und alle Karten & Infos
zu unseren Touren
auch unterwegs parat haben!
go.marcopolo.de/tir

Wohlverdiente Wanderpause in der Region Leutasch

DURCH DAS TOR IN DEN BERGEN

Wenn du von München aus mit dem Auto kommst, öffnen sich vor dir die Berge wie ein Tor, an dem ein imposanter Wächter Posten steht: In ❶ **Kufstein** ➤ **S. 93** darfst du den Besuch der gleichnamigen mächtigen **Festung** auf keinen Fall verpassen! Außerdem bietet sich ein Bummel durch die **Römerhofgasse** ➤ **S. 94** an, den schönsten Teil der Altstadt, bevor du in der Ausstellung der **Glashütte Riedel** ➤ **S. 95** erfährst, wie die feinen Weingläser mundgeblasen werden – eine Kunst, die in Tirol eine lange Tradition hat. Da treibt es dir schon beim Zusehen die Schweißperlen auf die Stirn. *Von Kufstein aus geht es dann über die Eiberg-Bundesstraße nach Sankt Johann und weiter nach* ❷ **Kitzbühel** ➤ **S. 90**. Dort machst du den nächsten Halt – allerdings erst in luftiger Höhe auf dem ❸ **Kitzbüheler Horn**, *das du über eine kurvige Mautstraße erreichst,* über die sich jedes Jahr auch die Teilnehmer der Österreich-Radrundfahrt hochquälen. Schau von dort oben hinunter auf das noble Städtchen – und hoffentlich mit gehörigem Respekt auf die sagenhafte Streif, wo sich jedes Jahr im Januar die wagemutigen Skiabfahrtsläufer in die Tiefe stürzen. Übernachten kannst du hier im **Hotel Seebichl** *(hotel-seebichl.at).*

TAG 1

❶ **Kufstein**

36 km

❷ **Kitzbühel**

10 km

❸ **Kitzbüheler Horn**

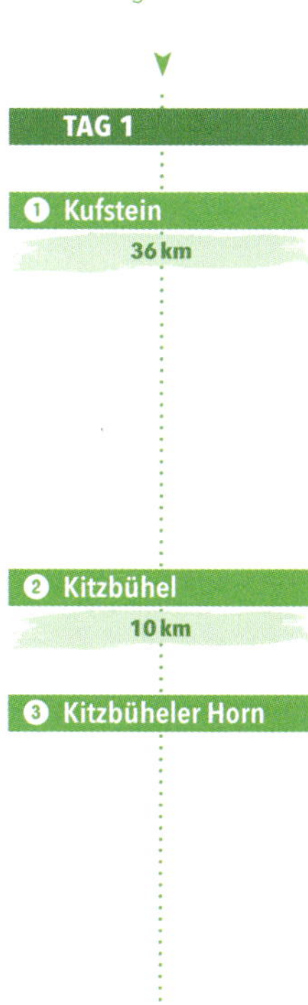

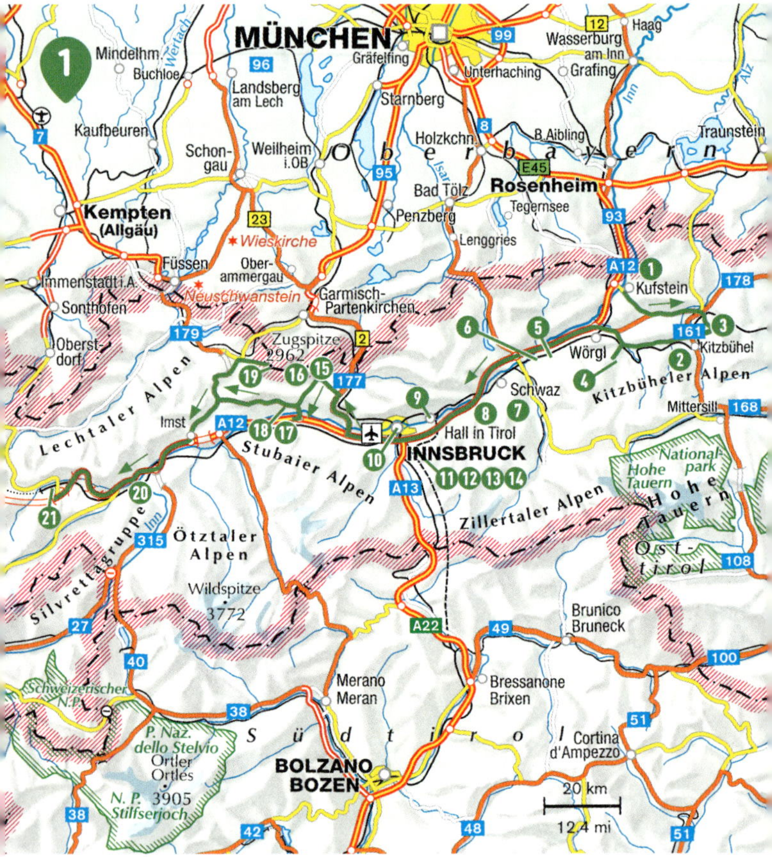

TAG 2
32 km
❹ Salvenaland
31 km
❺ Rattenberg
3 km

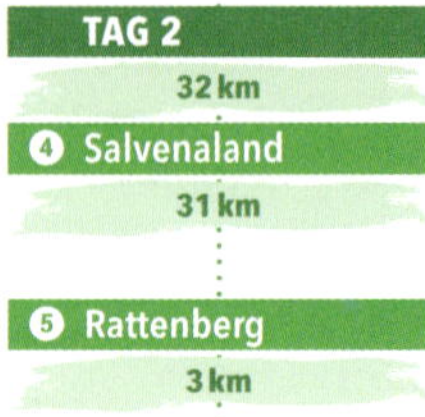

ACTION, GLAS UND KONFEKT

Auf das Ende der *Fahrt durchs Brixental nach Wörgl* am nächsten Morgen freuen sich alle, die sich im Sommer im Freizeitpark ❹ **Salvenaland** ➤ S. 95 in Hopfgarten abkühlen möchten. Auf Wassersport folgt filigrane Kunst: *Über die Inntalautobahn führt der Weg nach* ❺ **Rattenberg** ➤ S. 100 ins Herz der Glasbläserei. Schau in der malerischen Fußgängerzone der kleinsten Stadt Tirols in Geschäften wie etwa bei **Kisslinger Kristall-Glas** *(Südtirolerstr. 41 | kisslinger-kristall.com)* den Glasbläsern zu. Dafür darfst du dann auch einer ganz besonderen Versuchung in der **Konditorei Hacker**

(Sommer tgl., Okt.-Mai Mo geschl. | Südtirolerstr. 46 | cafehacker.at) erliegen. 1774 gegründet, wird dort noch heute köstliches Konfekt von Hand gefertigt. Beende den Tag in Brixlegg im geschmackvollen alten **6 Gasthof Herrnhaus** *(tgl. ab 17, Sa–Di auch 11–14 Uhr | Herrnhausplatz 1 | herrnhaus.at).*

6 Gasthof Herrnhaus

SILBER, KRISTALLE UND MÜNZEN

TAG 3

22 km

Am nächsten Tag fährst du ab Brixlegg nicht mehr auf der Autobahn, sondern auf der landschaftlich schönen Bundesstraße B171 am Schloss Matzen sowie einigen anderen Burgen vorbei. Bei Strass wirf links einen kurzen Blick ins Zillertal ➤ S. 97. Schau am Westeingang des Tals auch in die Höhe, hier liegt malerisch das Kirchlein Maria Brettfall, eine alte Einsiedelei. In Schwaz wartet nach himmlischer Höhe die Unterwelt auf dich: Mach einen spannenden Trip in die Tiefen des alten **7 Silberbergwerks** ➤ S. 102. *Nur wenige Kilometer weiter, in* Wattens, wartet ein grasüberwachsener Riese darauf, dich zu verschlucken: Durch seinen Mund betrittst du die **8 Swarovski Kristallwelten** ➤ S. 85, in denen der berühmte Familienbetrieb kunstvolle Kristallprodukte zeigt. Gut möglich, dass auch du den Mund vor Staunen nicht mehr zu bekommst. Bei einer Erweiterung wurden sogar römische Ausgrabungen in die Wunderwelt integriert, die ursprünglich vom Künstler André Heller konzipiert wurde. In **9 Hall** ➤ S. 83, einem der schönsten mittelalterlichen Städtchen Österreichs, kannst du dir in der Münze ➤ S. 84 erzählen lassen, wieso der Dollar ein Haller ist, dir deine eigene Münze prägen und auf den Münzerturm steigen. Von dort hast du einen tollen Blick übers Inntal und die Berge. In der Gegend von Hall und **10 Innsbruck** ➤ S. 70 solltest du drei Übernachtungen einplanen. Ein guter Standort ist das *Hotel Central (Gilmstr. 5 | hotel-cafe-central.at)* im Herzen Innsbrucks. Ein Muss: der Kaffee unter Kristalllüstern im dazugehörigen Café Central, dem stilvollsten Kaffeehaus der Stadt.

7 Silberbergwerk

19 km

8 Swarovski Kristallwelten

11 km

9 Hall

12 km

10 Innsbruck

IN UND UM TIROLS HAUPTSTADT

TAG 4

Die Höhe der Sprungschanze im Bergisel-Stadion ➤ S. 75 wird dich als erstes Ziel in der Landeshauptstadt beeindrucken. Der Kitzel der Gefahr, der sich die Springer alljährlich bei der Vierschanzentournee aussetzen, verflüchtigt sich (hoffentlich) später beim Anblick des **Goldenen Dachls** ➤ S. 70, des berühmten Wahrzeichens von Innsbruck, und beim entspannten Bummel durch die Altstadt.

TAG 5

INSIDER-TIPP
Mit der Tram in die Berge

Am zweiten Innsbruck-Tag empfiehlt sich eine Fahrt mit der *Straßenbahn Linie 6*, um eine der schönsten Rundwanderungen hoch über Innsbruck anzutreten. Etwa fünf bis sechs Stunden solltest du für die Tour veranschlagen. *Die Straßenbahn startet unterhalb des Bergisel* *➤ S. 75* *neben dem Stift Wilten* *➤ S. 74* und rumpelt dann romantisch durch einen verwunschenen Wald vorbei an **Schloss Ambras** ➤ S. 77, kleinen Mooren und einem Badesee bis in den alten Luftkurort **Igls** ➤ S. 80. *Ein Shuttlebus bringt dich zur Talstation der* ⑪ **Patscherkofelbahn** (an der Kasse das Zirbenweg-Rundwanderticket verlangen), die dich auf 2000 m zur Bergstation hinauffährt. *In 20 Minuten erreichst du den* ⑫ **Gipfel des Patscherkofels**, des Hausbergs von Innsbruck, und genießt einen gewaltigen Rundumblick. *Auf dem* ⑬ **Zirbenweg** geht es dann durch einen der ältesten geschlossenen Zirbenkieferbestände des Alpenraums. Wie wunderbar das duftet! Das Schönste auf dieser Wanderung ist die Aussicht: Gipfel reiht sich an Gipfel in den Stubaier Alpen und im Karwendel, Innsbruck und das halbe Inntal liegen dir zu Füßen. *In zwei bis drei Stunden wanderst du unter der Viggarspitze und der Neunerspitze bis zur* ⑭ **Tulfein-Alm** *(€).* Hier auf 2035 m kannst du noch einmal den Ausblick genießen, *bevor du mit der* **Glungezerbahn** *hinunter nach Tulfes* kommst. *Der Pendelbus 4132 bringt dich wieder zurück nach Igls, wo schon die Straßenbahn wartet.*

22 km

⑪ Patscherkofelbahn

3 km

⑫ Gipfel des Patscherkofels

2 km

⑬ Zirbenweg

5 km

⑭ Tulfein-Alm

WILDROMANTISCHE TÄLER UND BAROCKE PRACHT

TAG 6

Nun geht es weiter durch das Inntal bis Zirl und dann nach Norden, den Zirler Berg hinauf. Wende vor Zirl bei der Fahrt einmal kurz den Blick hinauf in die Martinswand, die im Norden steil über dem Inn aufragt. Da entdeckst du immer wieder kleine Viadukte und Tunnel. Die Mittenwaldbahn, die 1911 gebaut wurde, schlängelt sich mitten durch diese Wand. Eine Fahrt auf dieser Strecke wäre ein Abenteuer für sich. Aber stattdessen bleibst du doch im Wagen und *passierst den zweifachen WM-Ort Seefeld* ➤ *S. 62* *und fährst weiter in die Leutasch.* Tauch dort ganz tief in die Wildererromantik des Schriftstellers Ludwig Ganghofer ein: Rußgeschwärztes Gesicht, abgesägte Flinte im Rucksack, Nebelschwaden – so sah seine Welt aus. Ganghofer schrieb hier seine Romane, ihm ist das ⓯ **Kulturhaus Ganghofermuseum** *(Besichtigung nach Vereinbarung: Tel. 0664 88005681 | Eintritt 3 Euro | Kirchplatzl 154)* gewidmet. Vor der Tür kannst du gleich Bekanntschaft mit der Landschaft machen, die ihn beeinflusst hat: *Park am Beginn des Gaistals und wander hinein in die Berge auf die* ⓰ **Hämmermoosalm** *(Weihnachten–Anfang März und Juni–Sept. tgl. 9–19 Uhr | Klamm 3 | Tel. 05214 51669 | haemmermoosalm.com | €).* Die erreichst du in höchstens einer Stunde auf einfachen Wegen.

89 km

⓯ Kulturhaus Ganghofermuseum

6 km

⓰ Hämmermoosalm

33 km

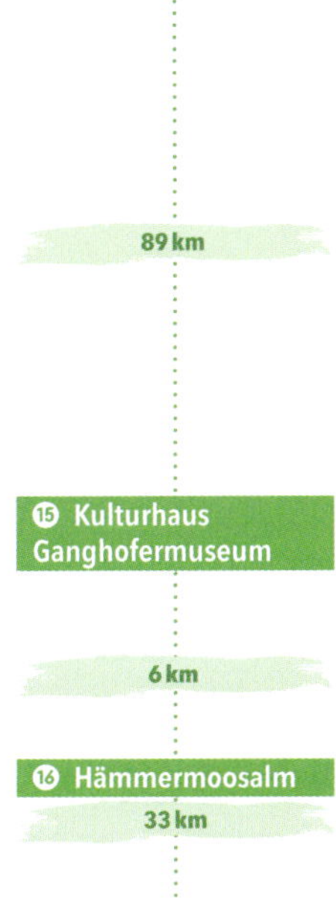

Auch am Wilden Kaiser in den Kitzbüheler Alpen blüht der Enzian blau

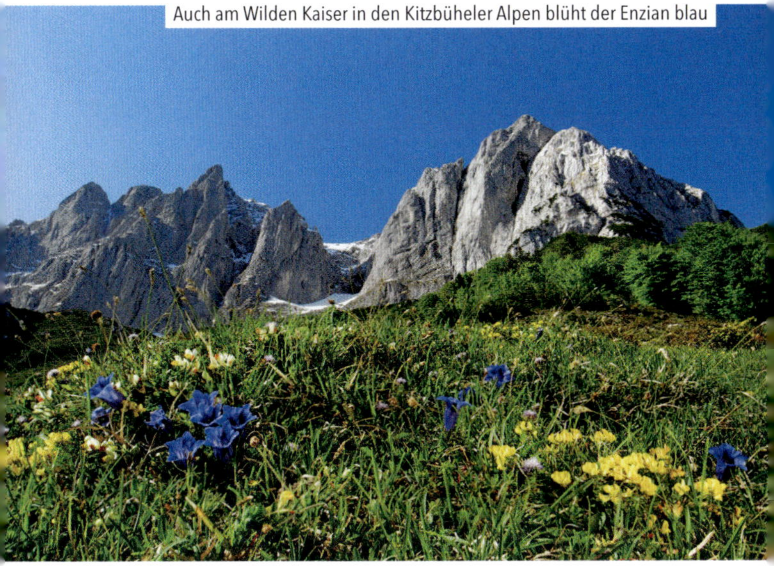

⑰ Stift Stams

21 km

⑱ Bio-Hotel Holzleiten

TAG 7

34 km

⑲ Zugspitze

60 km

⑳ Schloss Landeck

27 km

㉑ Sankt Anton am Arlberg

Nach der Wanderung kehrst du über Mösern ➤ *S. 65* *wieder ins Inntal zurück und fährst bis Mötz auf der Autobahn.* Schau dir dort eines der schönsten Klöster Tirols an: die barocke Pracht von **⑰ Stift Stams** **➤ S. 62**. Nach dem Ausflug zu den Zisterziensern *kehrst du wieder nach Mötz zurück und fährst nach Norden hinauf auf das* **Mieminger Plateau**, in die allererste Heimat des „Bergdoktors" – inzwischen ist er ja ins Unterland umgezogen – aus der gleichnamigen Fernsehserie. Nächtige am Holzleitensattel inmitten von Lärchenwäldern, die sich im Herbst bunt verfärben, im luxuriösen **⑱ Bio-Hotel Holzleiten** *(holzleiten.at).*

VON DER ZUGSPITZE ZUR WIEGE DES SKISPORTS

Tags darauf fährst du den Holzleitensattel hinunter nach Nassereith und dann über den Fernpass ins Außerfern. Der Weg dorthin ist an Samstagen im Sommer wegen Verkehrsüberlastung zu vermeiden. In **Ehrwald** **➤ S. 42** angekommen, wartet schließlich der höchste Punkt der Reise auf dich: die **⑲ Zugspitze** **➤ S. 42**. *Von der Tiroler Seite aus geht es auf den Gipfel von Deutschlands höchstem Berg – ein atemberaubendes Alpinabenteuer per Gondelfahrt,* wenn auch ein ziemlich teures.

Wenn du über das Gurgltal wieder im Inntal angekommen und Richtung Arlberg weitergefahren bist, lernst du in **Landeck** **➤ S. 53** im Museum des gleichnamigen **⑳ Schlosses** **➤ S. 54** die Geschichte der Tiroler Auswanderer kennen. Und schließlich näherst du dich dem Endpunkt der Reise, **㉑ Sankt Anton am Arlberg** **➤ S. 56**, einer Wiege des alpinen Skisports. Mit seiner modernen Architektur und den vielen Sport- und Wandermöglichkeiten im Sommer wie im Winter ist der Ort in 1300 m Höhe der beste Abschluss für die Tour quer durch Tirol. Gib dich im dortigen **Skimuseum** *(Hauptsaison Sommer/Winter tgl. 12–18 Uhr | Eintritt 5 Euro | Rudi-Matt-Weg 10 | museum-stanton.com)* dem „Weißen Rausch" auf den Spuren der Großen des Skisports hin.

2 BURGENTOUR AM OBEREN GERICHT

- Besuch die schönste gotische Wohnburg
- Durch die Jahrhunderte mit Engadinern und Habsburgern
- Im See versenkte Kirche

Schloss Landeck — Reschensee

80 km — 1 Tag, reine Fahrzeit 1 ½ Stunden

Wechselnde Öffnungszeiten der Burgen beachten, Infos gibt's bei den örtlichen Tourismusbüros.

SCHLÖSSER, BURGEN UND DAS KAUNERTAL

Schau dir als Einstimmung im 1 Schloss Landeck ➤ S. 54 die Ausstellung über die Tiroler Migration an und mach dich dann selbst auf den Weg: *den Inn entlang, Richtung Reschenpass, zunächst auf der L76 (und nicht durch den Landecker Tunnel). Auf der Reschenstraße (B180) angekommen, führt etwa 12 km hinter Landeck eine eiserne Brücke über den Inn.* Die Pontlatzbrücke, heute modernisiert, spielte 1703 während des Spanischen Erbfolgekriegs und 1809 während der Tiroler Befreiungskriege eine bedeutende Rolle. *Aber lass die Brücke rechts liegen, denn in Prutz wartet ein kurzer Abstecher nach links ins wildromantische Kaunertal:* Auf einer Felswand oberhalb von Kauns thront 2 Burg Berneck *(nur mit Führung | Anmeldung Tel. 0699 11 03 59 23 | Eintritt 9 Euro | burg-berneck.at)*, die oft als schönste gotische Wohnburg Tirols bezeichnet wird.

INSIDER-TIPP
Zur Burg hochkraxeln

Zurück in Prutz überquerst du die Reschenstraße und den Inn und fährst Richtung Ladis zur 3 Burg Laudeck ➤ S. 55, die nur von außen bestaunt werden kann. Über den kindertauglichen Klettersteig, der beim Seilbahnparkplatz Ladis beginnt, könnt ihr die Burg auch zu Fuß erklimmen. *Von Ladis*

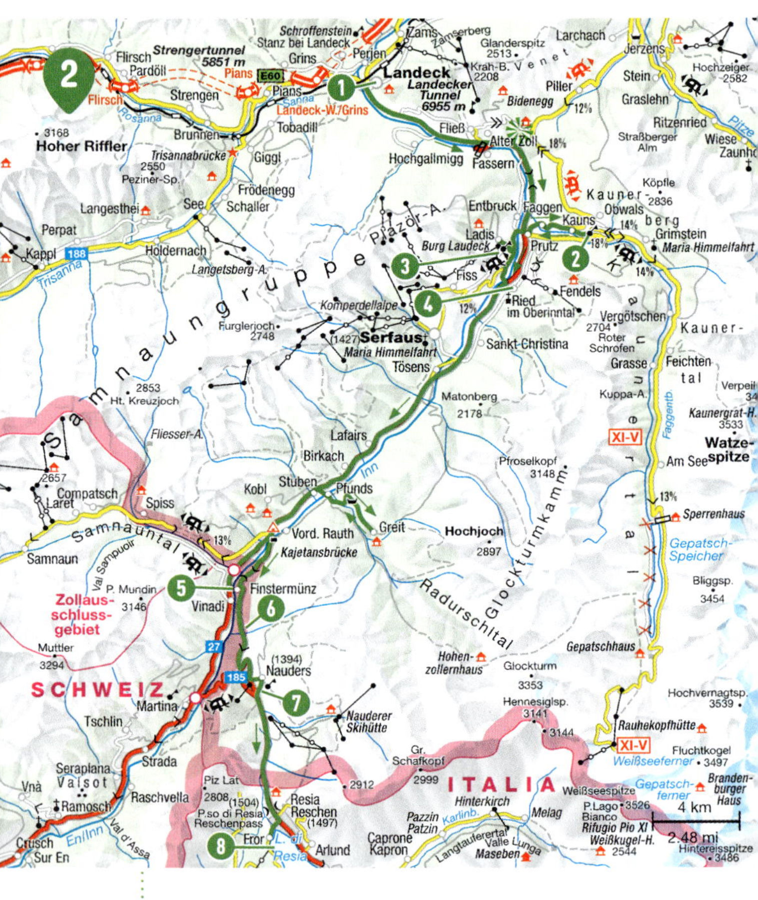

❹ Schloss Siegmundsried

23 km

aus geht es über die L286 zurück zur Reschenbundesstraße und nach Ried, mit einem Stopp am **❹ Schloss Siegmundsried**.

❺ Grenzfeste Altfinstermünz

13 km

ZUR ALTEN ZOLLSTELLE

Setz die Reise auf der Reschenstraße fort. Kurz hinter der Ortschaft Pfunds, wo du im **Gasthof Berghof** **➤ S. 55** gut zu Mittag essen kannst, liegt das **Hotel Kajetansbrücke**. *Hier beginnt die Führung zur* **❺ Grenzfeste Altfinstermünz** *(Juni–Sept. Di–So 11–16.30 Uhr | Eintritt mit Audioguide 8 Euro | Anmeldung erwünscht: Tel. 0660 5 64 25 38 | altfinstermuenz.com).* Bis zum Bau der Reschenbundesstraße im 19. Jh. führte an dieser in den Hang gebauten Befestigungsanlage aus dem 15. Jh. an der engen Talstelle kein Weg vorbei. Direkt an der Brücke wurde damals der Zoll erhoben. Während der einstündigen Führung erfährst du Interessantes zur Geschichte und Bedeutung des Oberen Gerichts, wie das Inntal von der Schweizer Grenze bis Landeck heißt.

SEIT HABSBURGER ZEITEN UNVERÄNDERT

Kurz vor Nauders liegt die 6 Festung Nauders *(im Sommer So und Mi 15 Uhr, Gruppenführungen nach tel. Vereinbarung | Eintritt 8 Euro | Tel. 05473 8 62 22 | nauders.com),* die einen Zwischenstopp lohnt. Der imposante, fünfgeschossige Steinquaderbau wurde zwischen 1836 und 1846 von den Habsburgern gegen Invasionen aus Italien gebaut und ist das einzige Bauwerk dieser Art in Österreich, das innen wie außen unverändert geblieben ist. Ein Teil der mehr als 50 Räume wurde in den Fels hineingebaut. Du kannst dort durch ein Türchen sogar in den Zwischenraum zwischen Mauer und Höhle gelangen. Im Inneren präsentiert ein militärisches Museum Waffen, Uniformen und Ausrüstung.

6 Festung Nauders

5 km

7 Schloss Naudersberg

8 km

LETZTES SCHLOSS UND SPEKTAKULÄRES FOTOMOTIV

Und jetzt ist es dann genug mit Mauern: Die letzte Burg auf der Tour ist 7 Schloss Naudersberg *(nach Vereinbarung | Eintritt 10 Euro | Tel. 0664 3217032 | schloss-nauders.at)* (1380 m), *etwa 1 km hinter der Ortschaft Nauders.* 1239 erstmals erwähnt, diente das Schloss bis ins 20. Jh. als Gerichtssitz. Im 15. Jh. wurde es von den Engadinern geplündert, später wieder aufgebaut und erhielt so sein heutiges, prunkvolles Aussehen. Besonders schön ist die prächtige Vertäfelung im alten Gerichtssaal.

Wo ein Turm nasse Füße bekommt: Reschensee

Im Turm liegen die ehemaligen Gefängniszellen, im zweiten Stock befindet sich ein Museum mit Exponaten lokaler Künstler.

8 Reschensee

Fahr nach der Besichtigung noch ein paar Kilometer weiter, über den Reschenpass (1455 m) in den Vinschgau nach Südtirol. Etwa 3 km hinter dem Pass, mittlerweile in Italien, liegt eines der ungewöhnlichsten Fotomotive der Region: der 8 **Reschensee**, ein Paradies für Kitesurfer. 1950 wurde er auf dem Gebiet der Ortschaft Graun aufgestaut. Der Kirchturm des Dorfs ist das einzige Bauwerk, das damals nicht abgerissen wurde. Seither ragt die Spitze einsam aus dem Wasser des 6 km langen Sees.

3 MIT DEM RAD VON LIENZ DURCH DAS ISELTAL

KAFFEE UND KUNST ZUM START DER TOUR

Beginn deine Tour in 1 **Lienz** ➤ S. 108, wo du ein Rad bei **Probike** *(ab 25 Euro pro Tag | Amlacher Str. 1a | Tel.*

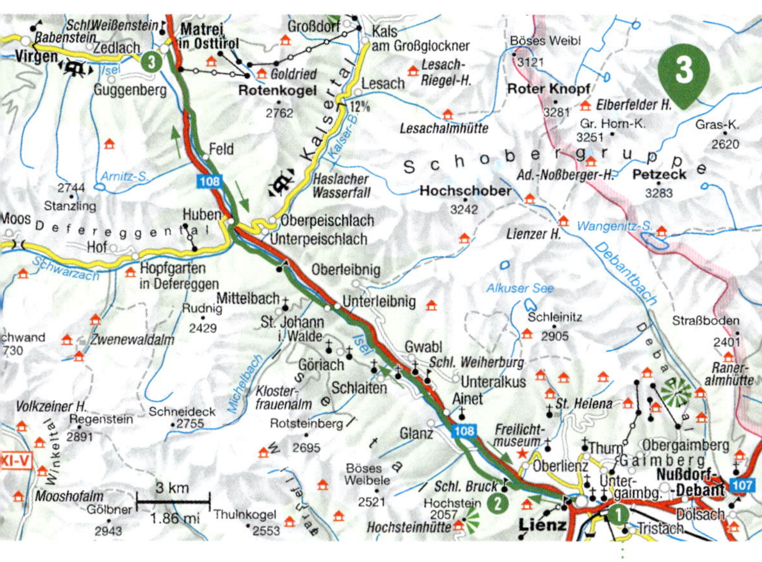

04852 7 35 36 | probike-lienz.at) ausleihen kannst. Am besten gehst du es langsam an und genießt vor dem Start noch einen Kaffee in der **Konditorei Glanzl** *(Mo–Sa 8–19, So 9–19 Uhr | Hauptplatz 13 | konditorei-glanzl.at) am schönen Hauptplatz,* der schon sehr mediterran wirkt. *Am Lienzer Hausberg Hochstein, kurz nach der Abzweigung Richtung Matrei, liegt* ② **Schloss Bruck** ➤ S. 108 mit der reichhaltigsten Sammlung von Werken des berühmten Osttiroler Malers Albin Egger-Lienz.

② Schloss Bruck
29 km

GROSSE LANDKIRCHE UND AUSGEZEICHNETE PIZZA

Hier, am Fuß des Schlossbergs, beginnt gleich hinter der Tankstelle der eigentliche, ausgezeichnet beschilderte Iseltal-Radwanderweg. Den fährst du weiter, nach Sankt Johann im Walde, vorbei an der Ruine Kienburg und bis Huben. Dort folgst du einer wenig befahrenen Straße durch Felder und Wiesen bis nach ③ **Matrei** ➤ S. 113, *wo im Ortszentrum* eine der größten Landkirchen Österreichs steht, die **Pfarrkirche Sankt Alban** ➤ S. 113. Ein derartig pompöses Gotteshaus vermutet man nicht im kargen Iseltal.

③ Matrei
30 km

① Lienz

Nun wird es Zeit für eine Pause. Kulinarisch hat Matrei eine Besonderheit zu bieten: die vom Restaurantführer Gault-Millau ausgezeichnete Pizzeria Saluti *(Mi–Sa 16–24, So ab 10 Uhr | Grießstr. 10 | Tel. 04875 67 26 | saluti-matrei.com | €–€€)*. Nachdem du dich gestärkt hast, *fährst du auf demselben Weg zurück,* um wieder ① Lienz ➤ S. 108 zu erreichen. Oder du ziehst statt der Rückfahrt mit eigener Muskelkraft in Erwägung, den Postbus (Abfahrt Korberplatz) zu nehmen, der auch Fahrräder transportiert. Aber man hat ja seinen Stolz, oder?

④ RUND UM DAS KAISERGEBIRGE

① Kitzbühel
21 km
② Pfarrkirche Sankt Jakob und Sankt Leonhard
29 km
③ Kufstein
9 km

VOM „DOM DES BRIXENTALS" ZU DEN HAFLINGERN

Der Weg beginnt in ① Kitzbühel ➤ S. 90 *und führt zuerst durch das Brixental ➤ S. 92. Über Kirchberg, Westendorf und Hopfgarten geht es bis nach Wörgl. Ein Zwischenstopp* bietet sich am barocken Prachtbau der ② Pfarrkirche Sankt Jakob und Sankt Leonhard *in Hopfgarten* an, die wegen ihrer Größe und ihrer zwei Türme auch „Dom des Brixentals" genannt wird. *Über die Bundesstraße geht es jetzt nach* ③ Kufstein ➤ S. 93, wo es wirklich eine Menge zu sehen gibt: die berühmte

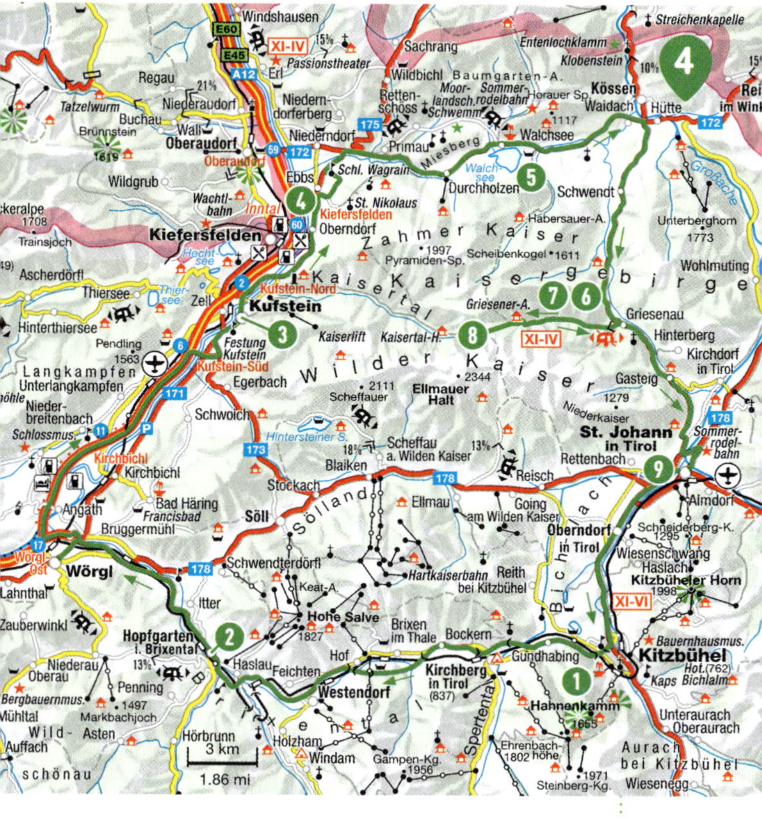

Festung mit der Heldenorgel etwa oder die **Römerhofgasse** in der Altstadt mit ihrem imposanten Torbogen, der zwei gegenüberliegende Häuser miteinander verbindet. Kehr im **Auracher Löchl** ➤ S. 94 ein, wo das berühmte Kufsteinlied entstanden ist. *Der nächste Halt ist* ❹ **Ebbs** ➤ S. 96 mit der wichtigsten Haflingerzucht der Welt. Besuch auf dem **Fohlenhof** eine Show oder streich den Pferden wenigstens einmal durch die blonde Mähne.

❹ Ebbs

12 km

ERFRISCHENDES BAD IM KAISERWINKL

Weiter geht es durch eines der gemütichsten Ecken Tirols, den Kaiserwinkl, der von den Orten Rettenschöss, Walchsee, Kössen und Schwendt gebildet wird. Im

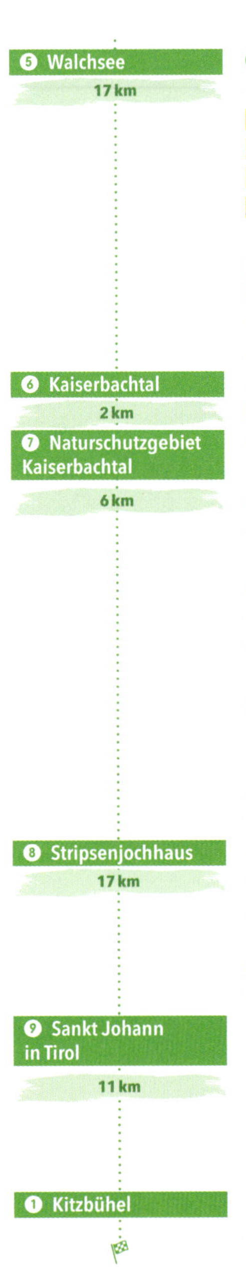

INSIDER-TIPP
Refugium für seltene Tiere

5 Walchsee lohnt sich im Sommer ein erfrischendes Bad. *Nordwestlich vom Ortskern* liegt ein landschaftliches Kleinod: die Schwemm, Nordtirols größte Moorlandschaft, Heimat zahlreicher seltener Tier- und Pflanzenarten.

DIE MAJESTÄTISCHE GEBIRGSWELT DES WILDEN KAISERS

Danach führt die Straße, die bereits recht schmal geworden ist, weiter nach Kössen und Schwendt. Hinter Schwendt biegst du bei Griesenau rechts ins 6 Kaiserbachtal ab. Die 5 km lange *Mautstraße (Ende März–Ende Okt. | Auto 6 Euro)* bringt dich in das Herz des gleichnamigen 7 Naturschutzgebiets. Im wildromantischen Tal befinden sich die Griesner Alm *(tgl. 11–20 Uhr | Kaiserbachtal 6 | Tel. 05352 6 44 43 | griesneralm.at | €)* und die Fischbachalm *(tgl. 11–20 Uhr | Kaiserbachtal 2 | Tel. 05352 6 55 26 | fischbachalm.at | €)*, aber auch die Latschenbrennerei Hofmann *(Anfang Mai–Mitte Okt. tgl. ab 10 Uhr | latschenkiefer.at)*. Hier werden auf althergebrachte Weise aus Latschenkieferzweigen ätherische Öle hergestellt. Das riecht herrlich und ist wohltuend für müde Glieder. Vom Kaiserbachtal führen viele Wanderungen hinauf in die majestätische Gebirgswelt des Wilden Kaisers: *In 2 ½ Stunden etwa kannst du von der Griesner Alm bis zum herrlich gelegenen* 8 Stripsenjochhaus *(Mitte Mai–Mitte Okt. | Tel. 0664 3 55 90 94 | stripsenjoch.at | €)* und wieder zurück gehen.

SELTENE WANDMALEREIEN BEI KAFFEE UND KUCHEN

Nach diesem Abstecher in die Natur folgt das nächste Ziel: 9 Sankt Johann in Tirol. Bekannt ist der Ort unter anderem für die Malerei an den Hauswänden, ähnlich der bayerischen Lüftlmalerei, die es sonst in Tirol nur selten zu sehen gibt. Eine Sünde wert sind die Kuchen im fast 100 Jahre alten Café Rainer *(Mo, Mi–Sa 8–18, So ab 9 Uhr | Speckbacherstr. 6 | cafe-rainer.com)* im Zentrum. *Von hier sind es nur noch ein paar Minuten zurück zum Ausgangspunkt* 1 Kitzbühel.

5 DIE VERSTECKTE ROUTE

- Trainingszentrum für Olympioniken
- Staunen am Stausee
- Nobel speisen im Stift

Start: Innsbruck | Ziel: Innsbruck

160 km | 1 Tag, reine Fahrzeit 2 Stunden

Im 4 **Kühtai** können dir Kühe auch mitten auf der Straße begegnen.
9 **Stift Stams**: Die Orangerie ist dienstags und mittwochs geschlossen.

URSPRÜNGLICH UND WENIG ERSCHLOSSEN

Von 1 Innsbruck ➤ S. 70 *geht es über Autobahn oder Bundesstraße an Völs vorbei nach Kematen und dann Richtung Süden, ins schmale Sellraintal.* Der Fluss, der sich vom Kühtai hinunterwindet, ist die Melach. Dort, wo sie in den Inn mündet, trennt sie – zumindest nach einer der vielen Auslegungen – das Ober- vom Unterland. Das Sellraintal ist hier an seinem Anfang touristisch noch wenig erschlossen, selten erlebst du Tirol ursprünglicher: Auf den steilen Hängen wird die Landwirtschaft teilweise noch mit der Hand verrichtet. Zuweilen hat man fast das Gefühl, die Bergbauern müssten sich anseilen. Im Hauptort Sellrain steht eine der wenigen gotischen Kirchen des Landes, die 2 Wallfahrtskirche Sankt Quirin. Die Schnitzfiguren und Wandmalereien im Inneren stammen aus dem 15. und 16. Jh. *Um sie zu besichtigen, biegst du in Sellrain rechts ab und folgst nun einer äußerst steilen Bergstraße in etlichen Serpentinen zum Kirchlein im gleichnamigen Ortsteil.*

Die Strecke führt dann durch die Orte Gries und Sankt Siegmund immer weiter, bis die Landschaft fast den

1 Innsbruck
23 km
2 Wallfahrtskirche Sankt Quirin
15 km

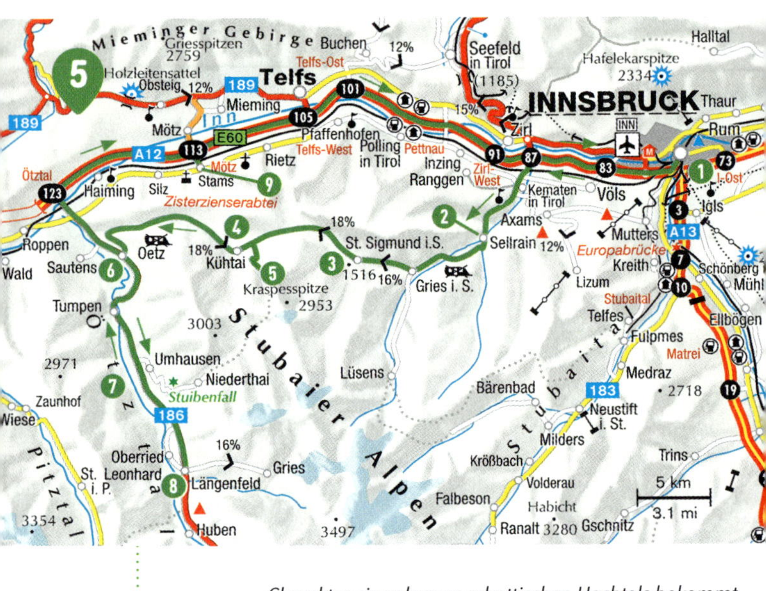

❸ **Bergoase Forellenhof**

6 km

❹ **Kühtai**

4 km

❺ **Stausee Finstertal**

21 km

Charakter eines kargen schottischen Hochtals bekommt. Im kleinen Weiler Haggen ist die ideale Zeit für eine Mittagspause gekommen. Die ❸ **Bergoase Forellenhof** *(Do–Sa 10.30–20.30, So 10.30–17.30 Uhr | Haggen 8 | Tel. 0650 4 44 77 60 | bergoase.at | €€)* bietet ausgezeichnete Fischgerichte zu moderaten Preisen in einer urtümlichen Landschaft. Nimm am besten was vom Steingrill! *Gestärkt erreichst du schließlich das* ❹ **Kühtai** auf rund 2000 m Höhe. Das Dorf wirbt damit, olympisches Höhentrainingszentrum zu sein. Kaum mehr als 30 Einwohner sind hier gemeldet, dafür kommen jede Menge Gäste: Selbst das ehemalige Jagdschloss von Kaiser Franz Josef am Dorfende ist heute eines der vielen Hotels, die nur im Winter geöffnet haben. Besonders lohnend ist es, *beim Drei-Seen-Lift links der Straße sein Fahrzeug zu parken und sich bei einer kleinen Wanderung zum* ❺ **Stausee Finstertal** die Beine zu vertreten. *Die Krone des Staudamms erreicht man in knapp einer Stunde auf einer gesperrten Asphaltstraße.* Oben angekommen, kannst du die Architektur des 149 m hohen Schüttdamms bewundern und einen Blick über den See in die Bergwelt

INSIDER-TIPP
Essen wie in den Highlands

der Stubaier Alpen werfen. In einem kleinen Schauraum wirst du über die Baugeschichte und die gesamte Kraftwerksgruppe Sellrain-Silz informiert. Nach der Wanderung hast du dir Kaffee und Kuchen auf der Sonnenterrasse des **Dorfstadl** *(tgl. 9–17.30 Uhr | Tel. 05239 52 65 | dorfstadl.at)* verdient.

MUSEUM, THERME, ABENDESSEN

Hinter dem Kühtai geht es wieder bergab, an einem weiteren Stausee vorbei, bevor du **6 Oetz** ➤ S. 58 erreichst. Besuch hier auf jeden Fall das **Turmmuseum** ➤ S. 58, *tiefer im* **7 Ötztal** ➤ S. 58 kannst du dich, wenn es die Zeit erlaubt, in der Therme Längenfeld, dem **8 Aqua Dome** ➤ S. 62, verwöhnen lassen. *Halt auf dem Heimweg noch im prächtigen* **9 Stift Stams** ➤ S. 62 *(Autobahnausfahrt Mötz)* und iss in der restaurierten **Orangerie Stift Stams** *(Mi–Sa 10–23, So 9–21 Uhr | Stiftshof 7 | Tel. 0650 7 51 53 21 | orangerie-stams.at | €€–€€€)* zu Abend, bevor du nach einem erfüllten Tag *über die Autobahn nach* **1 Innsbruck** zurückkehrst.

6 Oetz
1 km
7 Ötztal
17 km
8 Aqua Dome
37 km
9 Stift Stams
40 km
1 Innsbruck

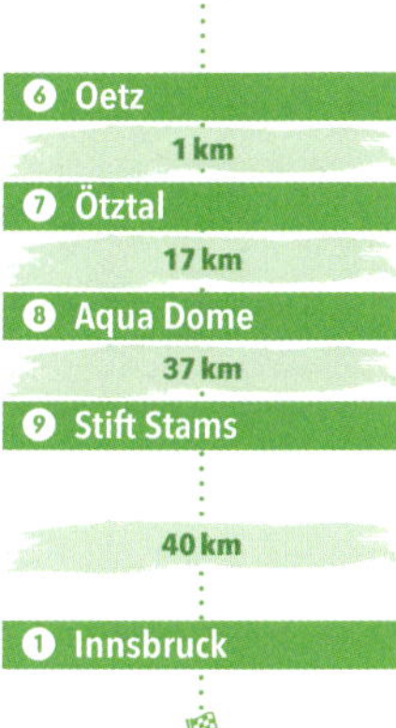

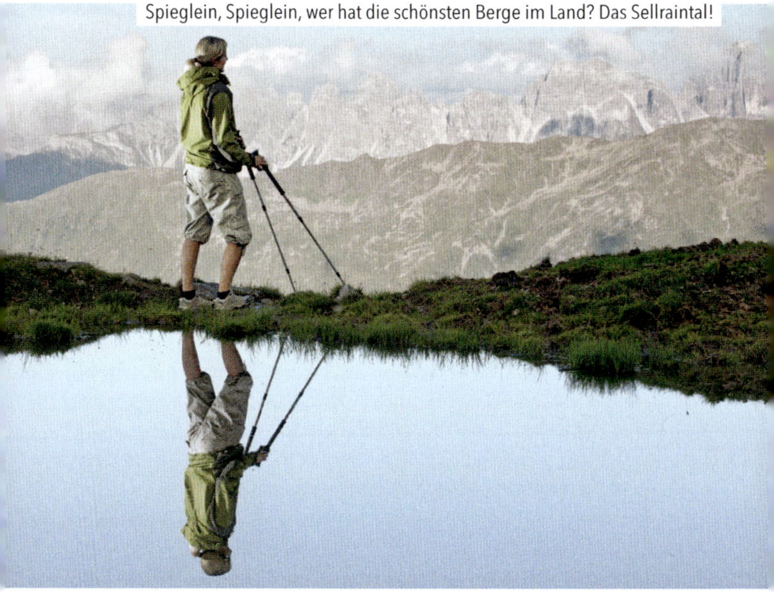
Spieglein, Spieglein, wer hat die schönsten Berge im Land? Das Sellraintal!

GUT ZU WISSEN

DIE BASICS FÜR DEINEN URLAUB

ANKOMMEN

ANREISE

Nach Tirol kommt man mit dem Auto über die Autobahn von München nach Kufstein (A 8 und A 93). Weitere Einreisestrecken sind der Achenpass, Mittenwald-Scharnitz oder Füssen-Außerfern. Nach Osttirol geht es über Kufstein, Kitzbühel und Salzburg sowie durch den Felbertauerntunnel. Die österreichischen Autobahnen sind mautpflichtig (s. S. 137, „Auto").

Tirol erstickt im zunehmenden Pkw- und Lkw-Verkehr, man muss mit längeren Staus rechnen. Um Verkehrsüberlastungen zu vermeiden, ist der Ausweichverkehr auf Nebenstraßen während der Hauptreisezeit teils eingeschränkt. Aktuelle Infos findest du auf *tirol.gv.at/verkehr.*

Schnellzüge von München nach Innsbruck verkehren alle zwei Stunden, zudem bestehen Verbindungen mit Umsteigen in Kufstein; Fahrtzeit ca. 2 Std. Von Innsbruck fährt alle zwei Stunden ein Zug nach Wien. Von Innsbruck nach Lienz verkehren Busse über Kitzbühel oder das Pustertal. Verbindungen, Fahrpläne und Tickets findest du auf *oebb.at, bahn.de* und *vvt.at.* Im Winter kannst du mit dem Autozug Urlaubs-Express *(urlaubs-express.de)* von Deutschland nach Tirol fahren.

Viele Anbieter haben Busreisen nach Tirol im Programm (Buchung z. B. auf *buswelt.de*). Für Busreisen gibt es auch ein eigenes Marketingkonzept *(b2b.tirol).* Die Anreise mit dem Fernbus ist unschlagbar günstig: Von Berlin dauert die Fahrt nach Innsbruck etwa mit Flixbus *(flixbus.de)* 10 bis 12 Std. und kostet ab ca. 40 Euro.

Der *Flughafen Innsbruck (innsbruck-airport.com)* ist der einzige internationale Flughafen in Tirol mit regelmäßigen Verbindungen unter anderem

Dem Tiroler Himmel so nah: Sonnenterrasse in Seefeld

von und nach Hamburg und Berlin. Von und zu den wichtigsten Flughäfen rund um Tirol wird das *Airport-Taxi* eingesetzt, von *Four Seasons Travel (tiroltaxi.at)*.

WEITERKOMMEN

AUTO

Die Höchstgeschwindigkeit beträgt auf Autobahnen 130, auf Bundesstraßen 100, innerorts 50 km/h. Promillegrenze: 0,5. Das Mitführen von Warnwesten ist Pflicht.

Die Benutzung der Autobahnen ist kostenpflichtig, Vignetten erhält man an den Grenzübergängen oder online *(asfinag.at | oeamtc.at | adac.de)*. Klebevignetten müssen auf der Windschutzscheibe angebracht werden – nicht auf der Seitenscheibe, dann sind sie ungültig. Die Autovignette kostet z.B. 11,50 Euro für zehn Tage und 28,90 Euro für zwei Monate (Motorräder: 4,60 bzw. 11,50 Euro). Auch viele Bergstraßen sind mautpflichtig. Wenn man über die Brennerautobahn weiter nach Italien fahren will, kostet das 11 Euro pro Fahrt extra. Die kosten-

GRÜN & FAIR REISEN

Du willst beim Reisen deine CO_2-Bilanz im Hinterkopf behalten? Dann kannst du deine Emissionen kompensieren *(atmosfair.de; myclimate.org)*, deine Route umweltgerecht planen *(routerank.com)* oder auf Natur und Kultur *(gate-tourismus.de)* achten. Mehr über ökologischen Tourismus erfährst du hier: *oete.de* (europaweit); *germanwatch.org* (weltweit).

pflichtige Strecke auf den Brenner beginnt ab Innsbruck-Süd.
ÖAMTC-Pannenhilfe Tel. 120; ARBÖ-Pannenhilfe Tel. 123

ÖFFENTLICHE VERKEHRSMITTEL

Generell ist das öffentliche Verkehrsnetz in Tirol sehr gut ausgebaut, vor allem im Inntal zwischen Kufstein und Landeck hat man die Wahl zwischen Zug- oder Busverbindungen mit kurzen Intervallen. Je entlegener das Tal allerdings ist, in dem du Urlaub machst, desto seltener fährt ein Bus. Die Hauptbetriebszeiten sind 5.30 bis 24 Uhr. Nahezu alle Tiroler Ferienregionen haben eine eigene Gästekarte: Sie ist zugleich ein Gratisticket für den gesamten öffentlichen Nahverkehr, auch in Innsbruck.
Straßenbahnen und Busse der Innsbrucker Verkehrsbetriebe durchziehen die Landeshauptstadt mit einem dichten Netz, der Fahrplan ist unter *ivb.at* abrufbar. Ab Mitternacht fahren täglich im Stundentakt Nachtbusse, sogenannte Nightliner, in der Stadt und in der Umgebung.

PARKEN

Praktisch überall in Tirol wird für das Parken Gebühren verlangt, auch im Gebirge bei Wanderparkplätzen steht meist ein Automat. Parken ist sonst in der Stadt richtig teuer und kostet 1 Euro pro 30 Minuten. Parkautomaten in Innsbruck sind gleichzeitig auch Ticketautomaten für die Öffis. An der Peripherie kann man Mo–Fr gebührenpflichtig, aber ohne Zeitlimit in den „grünen Zonen" sein Auto stehen lassen.

IM URLAUB

AUSKUNFT

– *Tirol Info | Maria-Theresien-Str. 55 | 6020 Innsbruck | Tel. 0512 72720 | tirol.at*
– *Tourismusverband Osttirol | Mühlgasse 11 | 9900 Lienz | Tel. 050 212212 | osttirol.com*

Links und Infos zu Tiroler Ferienorten bietet *tourismus-tirol.com.* Tickets und Fahrpläne gibt's unter *vvt.at,* Infos zu sportlichen Events auf *sportkalender-tirol.at.* (Winter-)Sportler informieren sich u. a. auf *berge-tirol.at, bergfex.at/tirol, bergfuehrer.at, tirolergletscher.com, bergrettung.tirol* und *lawinen.report, ski-tirol.eu.*

FEIERTAGE

1. Jan.	Neujahr
6. Jan.	Dreikönig
März/April	Ostermontag
1. Mai	Tag der Arbeit
Mai/Juni	Christi Himmelfahrt, Pfingstmontag, Fronleichnam
15. Aug.	Mariä Himmelfahrt
26. Okt.	Nationalfeiertag
1. Nov.	Allerheiligen
8. Dez.	Mariä Empfängnis
25./26. Dez.	Weihnachten

MEDIEN

In den *Trafiken,* wie die Kioske in Österreich genannt werden, sind deutsche, Schweizer und internationale Zeitungen praktisch überall erhältlich. In Tirol selbst ist die „Tiroler Tageszeitung" *(tt.com)* die meistgenutzte lokale Informationsquelle.

FESTE & EVENTS

RUND UMS JAHR

JANUAR

Vierschanzentournee (Innsbruck): Skispringen. *vierschanzentournee.com*

FEBRUAR/MÄRZ

★ **Imster Schemenlaufen:** Das Fasnachtstreiben mit seinen aufwendigen Masken gehört zum Unesco-Weltkulturerbe. Alle 3–5 Jahre. *fasnacht.at*

Funkenbrennen (Pinswang): Immer am Sonntag nach Aschermittwoch wird eine Strohhexe verbrannt.

MAI

Gauderfest (Zell am Ziller): Berühmtester Tiroler Kirchtag. *gauderfest.at*

JUNI

Sonnwend-, Johannes- oder Herz-Jesu-Feuer (im ganzen Land)

Crankworx: Mountainbike-Festival in Innsbruck. *crankworx. com*

JULI

Olala Internationales Straßentheater- und Zirkusfestival (Lienz): *olala.at*

JULI/AUGUST

Tiroler Volksschauspiele (Telfs): *volksschauspiele.at*

Festwochen der Alten Musik (Innsbruck): Mit Fest auf Schloss Ambras am 15. Aug. (Eintritt frei). *altemusik.at*

SEPTEMBER

Almabtrieb (in Tourismusorten): Geschmücktes Weidevieh kehrt Anfang Sept. von der Alm ins Tal zurück.

Sprachsalz (Kufstein): Tiroler Literaturtage. *sprachsalz.com*

NOVEMBER

Krapfenschnappen (Lienz): Junge Männer ziehen umher und erbetteln Krapfen, ein Brauch zu Allerheiligen.

Leonhardiritt (Kundl): Reiterumzug mit großer Prozession

DEZEMBER

★ **Innsbrucker Christkindlmarkt** Handwerk, Glühwein und viel Stimmung in der Landeshauptstadt (Foto). Weitere Märkte in Hall und Rattenberg.

WAS KOSTET WIE VIEL?

Kaffeepause	10 Euro *für einen Kaffee und ein Stück Kuchen*
Bier	4,50–6 Euro *für 0,5 l helles Bier*
Seilbahn	30–60 Euro *Berg- und Talfahrt*
Fahrrad	20 Euro *Miete für ein Mountainbike (halber Tag)*
Benzin	1,50 Euro *für 1 l Super (regional große Unterschiede)*
Brettljause	15 Euro *für Speck, Käse und Brot*

ÖFFNUNGSZEITEN

Lebensmittelgeschäfte haben normalerweise Mo–Fr 8–18.30 Uhr geöffnet, teilweise auch bis 20 Uhr. Alle anderen Läden öffnen in der Regel um 9 Uhr. Am Samstag schließen die Geschäfte spätestens um 17 Uhr, in einigen Tourismusorten sind sie auch sonntags geöffnet. In entlegenen Gegenden machen manche Geschäfte von 12 bis 14 Uhr Mittagspause. Banken öffnen von 8 bis 16 Uhr. Auch am 8. Dez. (Mariä Empfängnis, ein gesetzlicher Feiertag) haben Geschäfte geöffnet.

Die Hauptsaison dauert von Juli bis September und von Dezember bis Ostern. Dazwischen sind Hotels und Liftanlagen oft geschlossen, viele Museen sind außerdem montags zu.

TELEFON & HANDY

Bei Ferngesprächen nach Österreich entfällt die 0 der Ortsvorwahl (und die erste 0 der Handynummer). Vorwahlen: Deutschland 0049, Schweiz 0041, Österreich 0043. Es gibt eine Reihe von Handyanbietern und einen unüberschaubaren Tarifdschungel. Auch günstige Prepaidkarten sind im Angebot, für den Kauf braucht man einen Lichtbildausweis. Auf *tarife.at* gibt es einen Überblick.

TRINKGELD

Generell ist Trinkgeld wie überall auf der Welt kein Muss. Die Kellner leben jedoch zu einem großen Teil davon, fünf bis zehn Prozent sind angemessen, je nach Qualität des Service.

UNTERKUNFT

Grundsätzlich stehen alle Hotelkategorien zur Verfügung, nach wie vor dominiert der traditionelle Tiroler Stil über modernes Design. Sehr beliebt, weil besonders urig, ist die Übernachtung in Almhütten. Auch der Urlaub auf dem Bauernhof wird zunehmend beliebter. Zudem gibt es nicht nur in den warmen Sommermonaten, sondern auch im Winter in Tirol mehr als 100 Campingplätze in meist wunderschöner Landschaft. Wildes Campen ist in ganz Österreich generell verboten. *Österreichischer Camping-Club ÖCC (Schubertring 1–3 | 1010 Wien | Tel. 01 7 13 61 51 | campingclub.at)*

Mit einem internationalen Jugendherbergsausweis übernachtet man günstig in Jugendherbergen in Innsbruck, Kirchberg, Kössen, Maurach und Umhausen/Niederthai. Infos: *oejhv.at*

ZOLL

Innerhalb der EU dürfen Waren für den persönlichen Verbrauch ohne Einschränkungen ein- und ausgeführt werden, Richtwerte u. a.: 800 Zigaretten, 10 l Spirituosen und 110 l Bier. Für Schweizer gelten bei der Einfuhr geringere Freimengen (bis zu einem Gesamtwarenwert von 300 Franken), z. B. 250 Zigaretten, 5 l alkoholische Getränke mit max. 18 Vol.-% und 1 l Spirituosen. Infos: *zoll.de | bazg.admin.ch | bmf.gv.at | Zentrale Auskunftsstelle Zoll Österreich: Tel. 050 23 37 40*

NOTFÄLLE

DIPLOMATISCHE VERTRETUNGEN

- *Deutsches Honorarkonsulat | Bozner Platz 4 | 6020 Innsbruck | Tel. 0512 57 01 99*
- *Schweizer Botschaft | Prinz-Eugen-Str. 9a | 1030 Wien | Tel. 01 7 95 05 | eda.admin.ch/wien*

GESUNDHEIT

In ganz Tirol wird die Europäische Krankenversicherungskarte (EKVK, auf der Rückseite der elektronischen Gesundheitskarte) – in Österreich: *e-card* – akzeptiert. Sie gilt aber in den meisten Fällen nur für akute Krankheitsfälle und Verletzungen. Frag am besten vor der Reise bei deiner Krankenkasse nach, welche Behandlungen abgedeckt sind. Es kann dir nämlich passieren, dass ein Arzt die Bezahlung der Behandlung in bar verlangt.

NOTRUF

- Europaweit einheitlicher Notruf: *Tel. 112*
- Alpin-Notruf (Bergrettung): *Tel. 140*

WETTER IN INNSBRUCK

Hauptsaison: Jan., Feb., März, Juni, Juli, Aug., Sept., Dez.
Nebensaison: April, Mai, Okt., Nov.

	JAN.	FEB.	MÄRZ	APRIL	MAI	JUNI	JULI	AUG.	SEPT.	OKT.	NOV.	DEZ.
Tagestemperaturen	1°	4°	11°	16°	20°	24°	25°	24°	21°	15°	8°	2°
Nachttemperaturen	-6°	-4°	0°	4°	8°	11°	13°	12°	10°	5°	0°	-4°
Sonnenschein Stunden/Tag	3	4	5	6	6	6	7	7	6	5	3	2
Niederschlag Tage/Monat	9	8	7	9	11	14	14	13	10	8	8	8

URLAUBS FEELING

ZUM EINSTIMMEN & AUSKLINGEN

LESESTOFF & FILMFUTTER

TOTENFRAU, TOTENHAUS, TOTENRAUSCH

An ihm kommt man in Tirol nicht vorbei: Ex-Fotograf Bernhard Aichner hat sich dem Thrillergenre verschrieben. Top sind z. B. seine „Totenfrau"-Trilogie (2014–17) und die Abenteuer des Pressefotografen David Bronski (u. a. „Dunkelkammer", 2021).

DAS FLIEHENDE HERZ

In ihrem historischen Roman beschreibt Jeannine Meighörner die Reisen der österreichischen Kaiserin Elisabeth nach Tirol: „Sisi" war gern in Nord- und Südtirol zu Besuch. (2017)

ANDREAS HOFER – DIE FREIHEIT DES ADLERS

Xaver Schwarzenberger inszenierte 2002 aufwendig die Geschichte des Tiroler Freiheitshelden, mit Tobias Moretti in der Hauptrolle.

METZGER-KRIMIS

Bisher wurden zwei Bücher von Thomas Raabs Krimiserie um den Restaurator und Detektiv wider Willen Willibald Adrian Metzger verfilmt (mit Robert Palfrader) und 2015 in ARD und ORF ausgestrahlt. Die Filme wurden in Innsbruck und Umgebung gedreht.

PLAYLIST QUERBEET

0:58

II JOHANN B. GÄNSBACHER – MESSE IN C-DUR
Der Komponist aus Südtirol war gewissermaßen Tirols Mozart

▶ FLORIAN PEDARNIG – DEM LAND TIROL DIE TREUE
Für diesen Marsch ist Pedarnig berühmt geworden

▶ DJ ÖTZI – HEY BABY
Seit fast 30 Jahren Mitgrölmusik an jeder Schirmbar

▶ PHILIP GLASS – TIROL CONCERTO
Die Filmmusik für die Spots der Tirolwerbung, die Gänsehaut macht

▶ WERNER PIRCHNER – ALMWEISS & EDELRAUSCH
Tirols Aushängeschild für zeitgenössische Musik

▶ HERBERT PIXNER PROJEKT – ANNA
Modern und mit Herz interpretierte Volksmusik

Den Soundtrack zum Urlaub gibt's auf **Spotify** unter **MARCO POLO Tirol**

Oder Code mit Spotify-App scannen

AB INS NETZ

ALMENRAUSCH.AT
Die Website hat einige der besten Wander- und Tourentipps in Tirol, Südtirol und Bayern. Da schauen selbst die Einheimischen nach.

IVB-SCOUT
Den Fahrplan und die Abfahrtszeiten der Öffis in Innsbruck hast du damit in der Tasche.

ALPEN-WETTER.BLOGSPOT.COM
Ein Innsbrucker Meteorologe füttert die Leser auf seinem Blog mit unterhaltsamen Fakten, z. B. was der Lostag Mariä Lichtmess in den Alpen mit dem Murmeltiertag in den USA zu tun hat.

SOS EU ALP
Die App ist ein guter Begleiter beim Wandern: Bei einem Notruf übermittelt sie automatisch die Standortdaten und wählt die Leitstelle an.

PEAKFINDER
Du stehst auf einem Gipfel und kennst die Berge der Umgebung nicht? Kein Problem: Visier sie einfach mit deiner Handykamera an, die App nennt dir die Namen.

PITZTAL
GLETSCHER
RIFFLSEE

SOMMERAUSFLUGSTIPP
CAFÉ 3440 AM PITZTALER GLETSCHER
FLOSSFAHRT AM RIFFLSEE

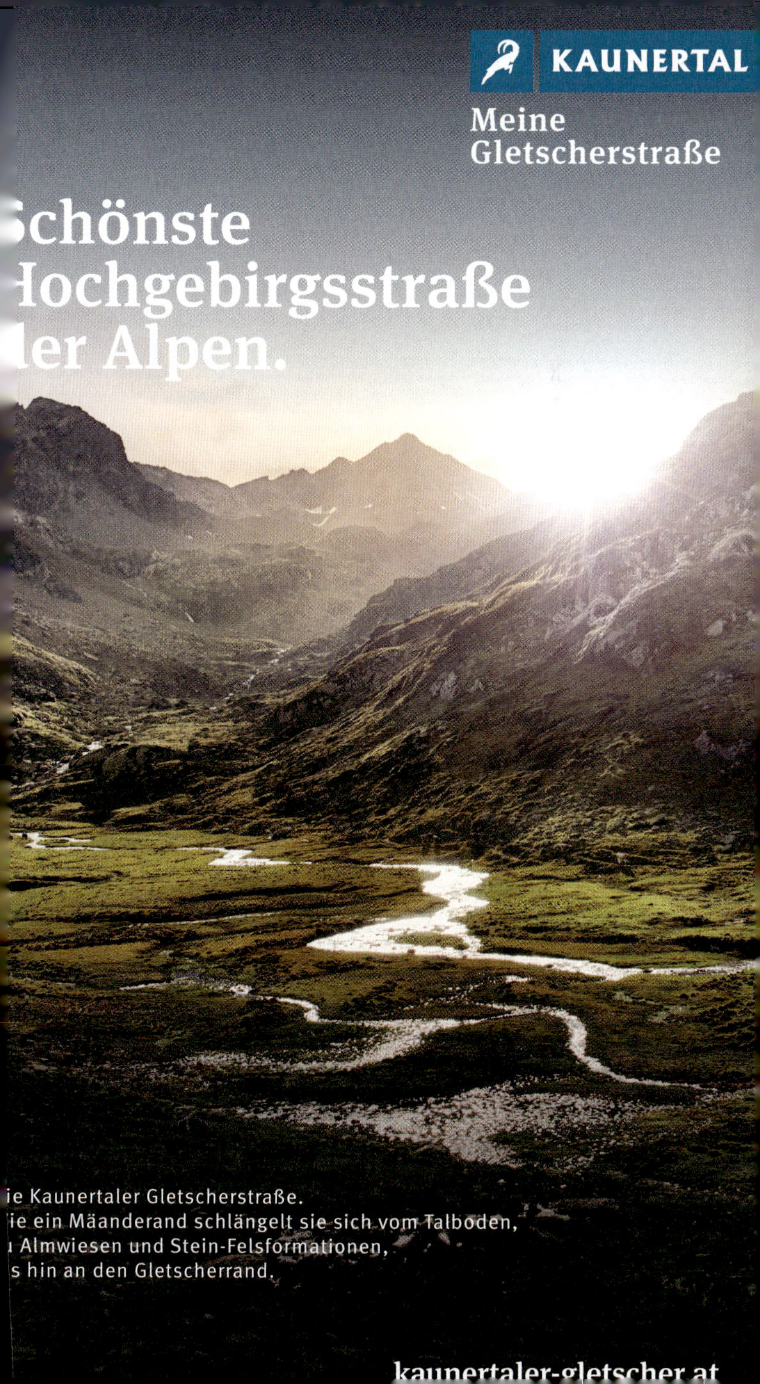
KAUNERTAL
Meine
Gletscherstraße
chönste
Hochgebirgsstraße
er Alpen.
ie Kaunertaler Gletscherstraße.
ie ein Mäanderand schlängelt sie sich vom Talboden,
Almwiesen und Stein-Felsformationen,
s hin an den Gletscherrand.
kaunertaler-gletscher.at

REGISTER

LOB ODER KRITIK? WIR FREUEN UNS AUF DEINE NACHRICHT!

Trotz gründlicher Recherche schleichen sich manchmal Fehler ein. Wir hoffen, du hast Verständnis, dass der Verlag dafür keine Haftung übernehmen kann.

MARCO POLO Redaktion • MAIRDUMONT • Postfach 31 51
73751 Ostfildern • info@marcopolo.de

Impressum

Titelbild: Ehrwalder Sonnenspitze bei Ehrwald (huber-images: J. Hühn)

Fotos: DuMont Bildarchiv: U. Bernhart (48/49, 59); huber-images: U. Bernhart (73), Eisele-Hein (14), D. Erbetta (139), G. Filippini (109), M. Gilsdorf (142/143), F. Lukasseck (6/7, 43), A. Piai (110), S. Raccanello (60), Römmelt (118/119), G. Santoni (12/13), R. Schmid (2/3, 75, 86/87, 100, 136/137), R. Spila (93); Laif: R. Brunner (54), D. Eisermann (10), T. Gerber (80), G. Lengler (38/39), D. Schwelle (27, 28, 30/31), B. Steinhilber (112), C. Stukhard (26/27); Laif/Le Figaro Magazine: Mazodier (99); lookphotos: W. Feder (34), A. Haug (90), C. Jorda (23/24), T. Stankiewicz (Klappe hinten, 46), A. Strauß (66/67, 84, 123, 127); lookphotos/age fotostock (8); lookphotos/Aurora Photos (116); mauritius images: L. Mallaun (64), R. Mirau (104/105), R. S. Moiola (44); mauritius images/Buiten-Beeld: S. Heijenga (96); mauritius images/ClickAlps (83); mauritius images/imagebroker: M. Braito (53), R. Hölzl (102), P. Sürth (11), C. Vorhofer (32/33, 135); mauritius images/Masterfile (9, 22); mauritius images/robertharding (94); mauritius images/Westend61: (Klappe vorne außen, Klappe vorne innen/1, 71), S. Schurr (56/57); picture-alliance: U. Bernhart (63); picture-alliance/APA/picturedesk.com: J. Gruber (19), H. Lehmann (31); picture-alliance/imagebroker (76); picture-alliance/Prisma: R. van der Meer (114/115); Ch. Schwienbacher (147); Shutterstock: TunedIn by Westend61 (79); T. Stankiewicz (20/21)

15., aktualisierte Auflage 2024

Autoren: Andreas Lexer, Christina Schwienbacher, Uwe Schwinghammer
Redaktion: Corinna Walkenhorst; Bildredaktion: Anja Schlatterer
Kartografie: © 2024 KOMPASS-Karten GmbH, A-6020 Innsbruck; MAIRDUMONT, D-73751 Ostfildern (S. 36-37, 120, 126, 129, 131, 134, Umschlag außen, Faltkarte); © 2024 KOMPASS-Karten GmbH, kompass.de unter Verwendung von © OpenStreetMap Contributors, osm.org/copyright (S. 40–41, 50–51, 68–69, 72, 88–89, 106–107)
Als touristischer Verlag stellen wir bei den Karten nur den De-facto-Stand dar. Dieser kann von der völkerrechtlichen Lage abweichen und ist völlig wertungsfrei.
Gestaltung Cover, Umschlag und Faltkartencover: bilekjaeger_Kreativagentur mit Zukunftswerkstatt, Stuttgart;
Gestaltung Innenlayout: Langenstein Communication GmbH, Ludwigsburg
Texte hintere Umschlagklappe: Lucia Rojas
Konzept Coverlines: Jutta Metzler, bessere-texte.de

Printed in Poland

MARCO POLO AUTORIN
CHRISTINA SCHWIENBACHER

Geboren in Innsbruck und unweit davon aufgewachsen, wollte sie mit 18 nichts wie raus aus den Bergen. Doch drei Dinge machen Tirol unwiderstehlich: 1. die Freizeitmöglichkeiten rund ums Jahr, 2. die majestätischen Berge, 3. die Lage – von Innsbruck aus gibt's in 30 Minuten Pizza in Italien (Südtirol!), und in weniger als einer Stunde ist man in Deutschland und in der Schweiz. Die Autorin lebt mit ihrer Familie nahe Innsbruck.